# ENTRE RETRATOS E REGISTROS

## MAGISTÉRIO E ESCOLAS PÚBLICAS EM IGUAÇU (1932)

Editora Appris Ltda.
1.ª Edição - Copyright© 2024 dos autores
Direitos de Edição Reservados à Editora Appris Ltda.

Nenhuma parte desta obra poderá ser utilizada indevidamente, sem estar de acordo com a
Lei nº 9.610/98. Se incorreções forem encontradas, serão de exclusiva responsabilidade de
seus organizadores. Foi realizado o Depósito Legal na Fundação Biblioteca Nacional, de acordo com as Leis nºs 10.994, de 14/12/2004, e 12.192, de 14/01/2010.

Catalogação na Fonte
Elaborado por: Dayanne Leal Souza
Bibliotecária CRB 9/2162

| | |
|---|---|
| D541e<br>2024 | Dias, Amália<br>Entre retratos e registros: magistério e escolas públicas em Iguaçu (1932) / Amália Dias. – 1. ed. – Curitiba: Appris, 2024.<br>197 p. : il. ; 27 cm. – (Geral).<br><br>Inclui referências.<br>ISBN 978-65-250-6733-9<br><br>1. Fotografia. 2. Magistério. 3. Escolas públicas. I. Dias, Amália. II. Título. III. Série.<br><br>CDD – 770 |

Livro de acordo com a normalização técnica da ABNT

Appris
editora

Editora e Livraria Appris Ltda.
Av. Manoel Ribas, 2265 – Mercês
Curitiba/PR – CEP: 80810-002
Tel. (41) 3156 - 4731
www.editoraappris.com.br

Printed in Brazil
Impresso no Brasil

AMÁLIA DIAS

# ENTRE RETRATOS E REGISTROS

MAGISTÉRIO E ESCOLAS PÚBLICAS EM IGUAÇU (1932)

*Appris*
editora

Curitiba, PR
2024

# FICHA TÉCNICA

**EDITORIAL**
Augusto Coelho
Sara C. de Andrade Coelho

**COMITÊ EDITORIAL**
Ana El Achkar (Universo/RJ)
Andréa Barbosa Gouveia (UFPR)
Antonio Evangelista de Souza Netto (PUC-SP)
Belinda Cunha (UFPB)
Délton Winter de Carvalho (FMP)
Edson da Silva (UFVJM)
Eliete Correia dos Santos (UEPB)
Erineu Foerste (Ufes)
Fabiano Santos (UERJ-IESP)
Francinete Fernandes de Sousa (UEPB)
Francisco Carlos Duarte (PUCPR)
Francisco de Assis (Fiam-Faam-SP-Brasil)
Gláucia Figueiredo (UNIPAMPA/ UDELAR)
Jacques de Lima Ferreira (UNOESC)
Jean Carlos Gonçalves (UFPR)
José Wálter Nunes (UnB)
Junia de Vilhena (PUC-RIO)

Lucas Mesquita (UNILA)
Márcia Gonçalves (Unitau)
Maria Aparecida Barbosa (USP)
Maria Margarida de Andrade (Umack)
Marilda A. Behrens (PUCPR)
Marília Andrade Torales Campos (UFPR)
Marli Caetano
Patrícia L. Torres (PUCPR)
Paula Costa Mosca Macedo (UNIFESP)
Ramon Blanco (UNILA)
Roberta Ecleide Kelly (NEPE)
Roque Ismael da Costa Güllich (UFFS)
Sergio Gomes (UFRJ)
Tiago Gagliano Pinto Alberto (PUCPR)
Toni Reis (UP)
Valdomiro de Oliveira (UFPR)

**SUPERVISORA EDITORIAL**
Renata C. Lopes

**PRODUÇÃO EDITORIAL**
Bruna Holmen

**REVISÃO**
Katine Walmrath

**DIAGRAMAÇÃO**
Bruno Ferreira Nascimento

**CAPA**
Carlos Pereira

**REVISÃO DE PROVA**
Daniela Nazario

# AGRADECIMENTOS

*E as fotos amarelam, como os dentes*
*As plantas, a gente, a chama, a febre intermitente*
*Vazia estrada, cheia a caixa de entrada*
*E, de repente, uma luz quadrada quente, diz que*
*Viver é partir, voltar e repartir*
*Partir, voltar e repartir*
*Viver é partir, voltar e repartir*
*Partir, voltar e repartir*
*É tudo pra ontem*

*(Emicida)*

Escola é mais de uma pessoa. Nas fotos aqui reunidas, perfilam mutirões de pessoas transformadas em estudantes e docentes, fazendo, assim, a experiência da escolarização. Mutirão finca lugar. Lugar é território de pesquisa e pesquisa é mais de uma pessoa. E por isso agradeço ao mutirão que abriu caminhos para esta pesquisa se transformar em livro:

Ao professor Luciano Ximenes de Aragão, agradeço o apoio incondicional em todos os momentos que precisei me ausentar das atividades administrativas que compartilhamos na Faculdade de Educação da Baixada Fluminense para me dedicar à escrita. Sua atenção, competência, generosidade e companheirismo pavimentaram a estrada e fizeram brisa em dias muito áridos.

À professora Angélica Borges, agradeço por ser farol, conhecimento, elo, confiança, incentivo. Sua presença dirigente no grupo de pesquisa Ehelo tem iluminado pessoas e veredas de pesquisa, o que me impulsiona, também, a seguir em mutirão.

Reitero meus agradecimentos aos colegas que, em 2009, me deram acesso às fotografias de escolas para digitalização: Gênesis Torres (*in memoriam*), Ney Alberto Gonçalves de Barros (*in memoriam*), Marcos Paulo Mendes de Araújo e Marcus Monteiro. Ao Marcus Monteiro agradeço, ainda, as recentes conversas que tivemos sobre a origem da chamada "Coleção Arruda Negreiros".

Agradeço a colaboração sempre solidária da professora Isabela Bolorini Jara, que localizou uma das fotografias publicadas na imprensa e que compartilhou seus valiosos achados de pesquisa sobre duas docentes investigadas neste livro.

Agradeço à Lúcia Marapodi pelo trabalho realizado em 2023 na adequação dos arquivos digitalizados às normas de editoração.

Ao professor Manoel Ricardo Simões, que novamente veio ao meu socorro na utilização de mapas e imagens sobre o território.

Ao professor Carlos Eduardo Costa, que disponibilizou fontes fundamentais para a análise acerca do perfil populacional de Iguaçu na década de 1940.

À professora Ariadne Ecar, que presenteou a pesquisa com dossiês de documentos sobre a Escola Normal de Niterói, o que fez florescer informações relevantes sobre trajetórias de quatro docentes que foram atuar em Iguaçu.

Agradeço aos bolsistas de iniciação científica que participaram da coleta de dados e transcrição de fontes: Sara Cristina Gomes Barbosa da Silva, Mariana Hapuque Raphael da Silva, Cristiane Gonçalves de Araújo e Lucas Moreira de Lacere.

A pesquisa e a publicação deste livro foram viabilizadas também por recursos de financiamento obtido em 2021 junto a Faperj e pelo estímulo e amparo proveniente da condição de procientista UERJ desde 2018.

Reconheço na canção de Emicida que "as fotos amarelam, como os dentes, as plantas, a gente, a chama, a febre intermitente [...]". E por isso, a canção também me lembra que o ofício da pesquisa em história da educação é "partir, voltar e repartir" tentativas de compreender, explicar e sentir o que foi amarelado, negado, o que parece permanente, o que precisa ser transformado.

Agradeço ao mutirão que me permitiu voltar a essas fotografias e aos outros documentos com novas questões de pesquisa e possibilidades de investigação, e poder, então, repartir os resultados por meio deste livro. Como "viver é partir, voltar e repartir", espero que as páginas a seguir sejam manejadas em prol da formação inicial e continuada de professores para a defesa de uma sociedade anticapitalista, pois, "É tudo pra ontem".

# PREFÁCIO

*O negro brasileiro*
*Apesar de tempos infelizes*
*Lutou, viveu, morreu e se integrou*
*Sem abandonar suas origens*
*Por isso o quilombo desfila*
*Devolvendo em seu estandarte*
*A histórias de suas origens*
*Ao povo em forma de arte.*

*(Wilson Moreira, Nei Lopes, 1981)*

*Entre retratos e registros: magistério e escolas públicas em Iguaçu (1932)* é um regalo de Amália Dias para a historiografia da educação brasileira, assim como para quem se interessa por relações raciais entre pessoas negras e brancas no Brasil.

A realização do livro parte de um acervo de fotografias escolares da Baixada Fluminense na década de 1930. A partir dessas maravilhosas imagens, Amália esmiúça a educação escolar na região, olhando especialmente para o município de Iguaçu, entre as décadas de 1910 e 1940. Cotejando as fotos com diferentes documentos da instrução fluminense, periódicos, e acessando uma extensa historiografia sobre docência; educação na Baixada Fluminense; gênero; classe trabalhadora; e história da educação das populações negras no Brasil, e partindo do território como categoria central de análise, a autora se situa nos debates historiográficos mais atuais a respeito da história da educação brasileira, apresentando uma obra que constitui uma grande contribuição para o campo.

Conforme Amália Dias, "[...] este livro é movido, em primeiro lugar, pelo interesse em reunir e tornar público, num suporte material de acesso, o conjunto até agora conhecido dessas fotografias de escolas" (p. 14). Trata-se de um conjunto de fotografias de 51 escolas da região, sendo elas municipais, estaduais e subvencionadas, regulares ou noturnas. As imagens trazem alunas e alunos em pé, sentados em bancos ou no chão, olhando na direção da câmera ou distraídos(as), uniformizados(as) ou não, calçados(as) ou descalços(as), com faces sisudas com exceções que escapam à ordem de realização nas condições técnicas do período. Escapam risos e movimentos. As fotografias são tiradas na frente da escola, em jardins, na frente de muros. As professoras estão sozinhas ou com mais um ou dois adultos nas imagens, sentadas ou em pé, sérias ou plácidas, miram o fotógrafo ou olham para o lado. Há imagens apenas com meninas e apenas com meninos, outras em que elas e eles dividem o quadro. Há crianças pequenas, jovens e registros de adultos(as) estudantes de escolas noturnas e iniciativas de formação de trabalhadoras.

Acima de tudo, salta aos olhos a esmagadora maioria de estudantes negros e negras e a forte presença de docentes negras nesses registros. Embora a autora advirta que não quer que tais fotografias sejam "prova" da presença negra na escola, essas imagens obrigam a olhar para a questão da presença negra na escola e na docência, assim como a debater gênero e classe social nesse universo. É isso que Amália faz neste livro, ao recorrer à interseccionalidade como ferramenta teórico-metodológica: "[...] mirando o que é incontestável nas imagens — a presença de professoras e estudantes negras e negros — procuro neste livro situar o debate teórico sobre acesso e permanência na educação escolar no Brasil face as desigualdades estruturadas pelo capitalismo, pelo racismo e pelas desigualdades de gênero" (p. 19).

Sem se deixar provocar pelo debate historiográfico sobre existir ou não relação entre população negra e educação na Primeira República, a autora parte das fotografias para realizar uma reflexão bem mais larga sobre a expansão da escola nas primeiras décadas do século XX, sobre as especificidades e universalidades nos processos observados sobre a Baixada Fluminense, sobre a presença feminina, trabalhadora e negra nesse universo escolar, assim como tensões, dificuldades e exclusões vivenciados por esses sujeitos no acesso, permanência ou ausência dos espaços escolares.

No Capítulo 1, "**Lugar de escolas: o território como posição de análise**", a pesquisa é inserida na expressiva historiografia da Baixada Fluminense. A autora questiona: "O que a pesquisa da história da educação ensina sobre o processo histórico de ocupação populacional e usos sociais da região da Baixada Fluminense?" (p. 23). Com isso, as fotografias são tomadas como "instantes" de um longo processo de capilarização de escolas públicas no território fluminense. Amália analisa os processos de escolarização no Recôncavo da Guanabara, que abarcaram crianças pobres, a partir de dados estatísticos, amparada na bibliografia e partindo de uma densa discussão teórica, bibliografia atualizada, se inserindo nos debates mais atuais da história da educação brasileira. Travando intenso diálogos com a historiografia sobre a região, a autora elabora quadros, tabelas, discute as fontes, cruzando as fotografias com outros documentos.

Iniciando a exibição das imagens pelos registros de escolas primárias públicas municipais, ela discute sobre fotografias e o universo escolar, encomendadas pelos poderes municipais e estaduais para legitimar projetos para essa área. Nessa parte do livro, a autora traça o perfil da população na região, enfatizando a expressiva presença negra e sua participação nas escolas primárias públicas.

No Capítulo 2, **"O acesso e a permanência nas escolas públicas primárias"** a autora propõe um "movimento pendular", defendendo que a discussão seja feita "nem tanto ao mar, nem tanto à terra" (p. 73). Isto é, embora as fontes permitam perceber que havia estudantes de classes populares na expansão da escola primária, com um forte componente de pessoas negras no processo, as condições de acesso e permanência desnudam desigualdades, reforçando os limites no acesso ao ensino formal por parte desses grupos populacionais. Partindo das fotografias de escolas estaduais e cotejando-a com fontes escritas, a autora observa a seriação do ensino primário, evidenciando o cotidiano dessas escolas. Ela mostra que matrículas e lotações docentes oscilavam ao longo do tempo, destaca a concentração de matrículas nas séries iniciais e o alto índice de retenção nos primeiros anos; e indica que "[...] a permanência dos estudantes nas escolas era afetada por surtos de doenças, epidemias, pelo emprego das crianças em atividades de trabalho e pela falta de quantitativo suficiente de docentes e de infraestrutura das instalações escolares" (p. 84), assim como a infraestrutura dos prédios muitas vezes era inadequada, chuvas, falta ou falha do serviço de trens representavam dificuldades para as docentes estarem no ambiente de trabalho.

Registros da imprensa, mapas de matrículas, relatórios docentes e outros documentos do Arquivo Público do Estado do Rio de Janeiro são acessados para analisar o que mostram as fotografias e compreender a organização de escolas mistas, masculinas e femininas nos distritos mais populosos, assim como o Grupo Escolar da região. Novamente, Amália Dias defende que "[...] as fotografias são apenas instantes do processo dinâmico de institucionalização das escolas primárias" (p. 94).

O Capítulo 3, **"Lugares e Trajetórias de Magistério"**, coloca ênfase nas trajetórias de professoras da Baixada, a maioria delas mulheres negras. Amália conseguiu identificar o nome de 15 docentes a partir das fotografias cotejadas com outros documentos, desdobrando a pesquisa nas trajetórias sobre as docentes no magistério público em escolas estaduais. Os nomes das professoras foram pesquisados na Hemeroteca Digital da Biblioteca Nacional, possibilitando acompanhar seu percurso profissional, sua formação em Escolas Normais, os exames de admissão, transferências, licenças, gratificações, *flashes* do cotidiano escolar como bancas em exames escolares, eventos e outras atividades e participação em movimentos associativistas. Outros aspectos da vida pessoal como casamentos, relações familiares e de compadrio, aposentadorias e óbitos também são destacados. Mobilidade para a região, especialmente Iguaçu, as diferentes lotações das professoras, o tempo de magistério de cada uma dessas docentes são analisados, resultando num belo trabalho de reconhecimento do fazer-se da profissão docente. Nas palavras da autora,

> [...] as trajetórias das docentes informam sobre criação e extinção de escolas, deslocamentos pelo território fluminense, normas e regimentos pelos quais as agências estatais buscavam ter o controle do funcionalismo, mas, também, normas e regimentos aos quais as docentes recorriam na busca por seus direitos. É da posição de análise de 'lugares de magistério', pela história de sujeitos no território, que se descortinam aspectos do 'fazer-se magistério' (p. 120).

Embora Amália insista que as fotografias não são provas, e que fazem parte das possibilidades para análise do processo de capilarização de escolas públicas fluminenses, as imagens são deslumbrantes, nos seduzem e permitem diferentes análises. Nesse sentido, o livro é uma contribuição também para a discussão sobre esse tipo de fonte. A autora dá sentido para as fotografias, organizando-as a partir do fio escolhido para discutir a escolarização da região, assim como questões sobre ser professora, sobre negritude e sobre experiências da classe trabalhadora.

O livro é uma contribuição para pessoas interessadas em história da educação, em história local e na formação da sociedade brasileira a partir das perspectivas de gênero, classe e raça. Em sua bela conclusão, "**Um Defeito de cor na historiografia da educação**", Amália retoma o que deseja para a obra: que seja uma referência na formação inicial e continuada de docentes. Consistente com sua trajetória acadêmica, política e sambista da autora, o livro de Amália Dias nos permite lembrar que a classe trabalhadora e negra, com ênfase nas mulheres "*lutou, viveu, morreu e se integrou/sem abandonar suas origens*", como Wilson Moreira e Nei Lopes cantam no samba enredo imortalizado por Candeia. Se, como os artistas defendem, "*o quilombo desfila/devolvendo em seu estandarte/a histórias de suas origens/ao povo em forma de arte*", é uma alegria perceber que as pesquisas acadêmicas ajudam a descortinar esse passado-presente que deve ser desfilado, exibido, descortinado em formas de arte, como no samba enredo da Portela de 2024, citado por Amália. A arte da fotografia também reforça a importância de relacionar pessoas negras, de territórios periféricos, mulheres e crianças ao universo escolar ao longo da história brasileira.

Abril de 2024

**Surya Aaronovich Pombo de Barros**

# Sumário

**INTRODUÇÃO**

**A ESCOLA ESTÁ NA FOTO?** ...........................................13

**CAPÍTULO 1**

**LUGAR DE ESCOLAS:**
**O TERRITÓRIO COMO POSIÇÃO DE ANÁLISE** ...................23

Processos de escolarização no Recôncavo da Guanabara .............. 25

Fotografias de escolas primárias públicas municipais ................. 33

População e perfil racial nas escolas primárias públicas .............. 58

**CAPÍTULO 2**

**O ACESSO E A PERMANÊNCIA NAS ESCOLAS PÚBLICAS PRIMÁRIAS** .. 73

Fotografias de escolas estaduais e os instantes da seriação do ensino primário. ........... 74

Os distritos mais populosos e a organização de escolas mistas, masculinas e femininas ......... 86

O Grupo Escolar Rangel Pestana ............................... 106

CAPÍTULO 3
**LUGARES E TRAJETÓRIAS DE MAGISTÉRIO** . . . . . . . . . . . . . . . . . . . . .117

De moradoras de Niterói a docentes em Iguaçu . . . . . . . . . . . . . . . . . . . . .122

Lotações a pedido . . . . . . . . . . . . . . . . . . . . . . . . . . . . . . . . . . . . . . . .132

Turnos de magistério. . . . . . . . . . . . . . . . . . . . . . . . . . . . . . . . . . . . . .140

A permanência de catedráticas nas escolas públicas dos distritos de Iguaçu . . . . . . . . . . . . . . .151

CONCLUSÃO
*UM DEFEITO DE COR*
**NA HISTORIOGRAFIA DA EDUCAÇÃO** . . . . . . . . . . . . . . . . . . . . . . . .169

POSFÁCIO . . . . . . . . . . . . . . . . . . . . . . . . . . . . . . . . . . . . . . . . . . .173

REFERÊNCIAS. . . . . . . . . . . . . . . . . . . . . . . . . . . . . . . . . . . . . . . . .177

# Introdução

## A ESCOLA ESTÁ NA FOTO?

Em 2012 defendi o doutorado em Educação na Universidade Federal Fluminense, com foco na história da educação da Baixada Fluminense. "Entre laranjas e letras: processos de escolarização no distrito-sede de Iguaçu (1916-1950)" examina as relações entre a política ruralista iguaçuana de produção e comercialização de laranjas e os discursos, campanhas, práticas e iniciativas em prol da instrução da população local. Disseminar a instrução escolar era um dos eixos de um projeto de dominação e de conformação das populações aos ideários da "modernização" capitalista. A pesquisa deu contorno ao desenvolvimento desigual e insuficiente de redes de escolas primárias públicas, estaduais e municipais, e, também, investigou as iniciativas de subvenção do ensino privado (Dias, 2014a).

Parte das fontes documentais foram consultadas junto à rede de pesquisadores da Baixada Fluminense e a seus acervos, ora privados, ora facultados à consulta e digitalização. Gênesis Torres, que coordenava o Instituto de Pesquisas Históricas e Análises Sociais da Baixada Fluminense (IPABH), me disponibilizou um conjunto de fotografias de escolas e me indicou outros pesquisadores que tinham fotografias da então chamada "Coleção Arruda Negreiros". Ele me ensinou que as fotografias haviam sido produzidas na década de 1930, por encomenda do prefeito Sebastião de Arruda Negreiros, para comemorar o centenário de fundação da Vila de Iguaçu. Posteriormente, as fotografias foram divididas entre pesquisadores, conforme a relação deles com os municípios que formavam a Baixada Fluminense.

Assim, as fotografias de escolas do município de Iguaçu foram distribuídas, conforme a origem indicada nas legendas, entre pesquisadores de Nova Iguaçu, Nilópolis, São João de Meriti, ou seja, os antigos distritos de Iguaçu que se emanciparam ao longo do século XX. Gênesis Torres me disponibilizou as fotografias de escolas dos antigos distritos de São João de Meriti e de Duque de Caxias; Marcus Monteiro me enviou imagens digitalizadas de escolas de Nilópolis e de São Mateus; e Marcos Paulo Mendes de Araújo, que atuava com o professor Ney Alberto no Instituto Histórico e Geográfico de Nova Iguaçu (IHGNI), me emprestou para digitalizar retratos de escolas de Nova Iguaçu. Desse modo, foram reunidas 76 fotografias de escolas do município de Iguaçu.

Ainda que eu seja grata a essa rede solidária de pesquisadores que me facultou o acesso a uma parte das fotografias, este livro é movido, em primeiro lugar, pelo interesse em reunir e tornar público, num suporte material de acesso, o conjunto até agora conhecido dessas fotografias de escolas. Isso porque ainda hoje, mais de dez anos após a defesa da tese, não tenho conhecimento de que as fotografias originais tenham sido depositadas num acervo público para conservação e consulta.

Atualmente, a partir do trabalho de bolsistas de iniciação científica, ampliei a pesquisa na imprensa em busca de notícias sobre a "encomenda" das fotos ou sobre o fotógrafo, ainda sem sucesso. Até a publicação do doutorado (Dias, 2014), eu tinha a informação de que a Coleção era constituída de imagens de escolas e de estradas. Fiz a discussão dessas escolhas do ato de fotografar escolas e estradas como tendo sido monumentalizadas como símbolos da "modernidade". Essa narrativa do "progresso" era propagada pelas elites políticas e econômicas iguaçuanas como decorrentes da economia citricultora. Era nesse sentido que estradas e escolas integravam "melhoramentos urbanos" vinculados ao progresso ruralista fluminense. Fui informada por alguns pesquisadores que as fotografias formavam um álbum que havia sido desfeito. De fato, Marcus Monteiro me apresentou uma fotografia colada num suporte que pode ter sido uma página do "álbum" original (Figura n. 2). Nenhum de nós conhece, portanto, a ordem original da encadernação das fotografias.

Em 2019, visitei na Casa de Cultura Ney Alberto, localizada no Complexo Cultural Mário Marques, em Nova Iguaçu, uma exposição chamada "Coleção Arruda Negreiros" que apresentava outros tipos de imagens de Iguaçu, para além de estradas ou escolas, algumas com datação de 1934. Desse modo, quero advertir ao leitor que no presente livro temos uma seleção de fotografias de escolas, provavelmente incompleta, e apartada de um conjunto mais diversificado de imagens do município de Iguaçu na década de 1930. E que não conheço tudo sobre a motivação, a datação, a autoria, a propriedade e o percurso desses retratos, ao longo das décadas.

Durante o exame da defesa de tese, em 2012, parte dos examinadores comentou a riqueza do material e questionou por que eu não tinha mergulhado no aspecto mais encantador daquelas imagens, que era a presença de crianças, adultos e professoras *negras* fazendo parte daquelas escolas. No conteúdo da tese, procurei responder a origem daquele perfil racial presente nas fotografias utilizando a bibliografia existente sobre a população da Baixada desde o século XIX. Citei os estudos sobre o perfil populacional no século XX, mas não havia condições metodológicas naquele momento de pesquisar trajetórias individuais.

A historiografia sobre a região me permitia situar aquela população como descendente dos egressos do cativeiro e de famílias de libertos que habitavam as freguesias do recôncavo da Guanabara desde os primeiros tempos do sistema escravagista (Bezerra, 2008, 2010). Os estudos sobre a migração do Vale do Paraíba para a região no pós-abolição confluíam com os dados acerca do imenso crescimento populacional ocorrido, de levas de famílias atraídas por trabalhos nas lavouras e em ofícios urbanos (Costa, 2008, 2009a, 2009b, 2011).

Desde a análise feita no doutorado, as imagens corroboraram a tese de que a escrita da história iguaçuana não era apenas uma escrita *alaranjada* pela importância da citricultura na economia do estado do Rio de Janeiro. Era necessário contar a história das milhares de famílias de trabalhadores que produziram aquela riqueza e estavam ali, naquelas escolas, participando de um momento histórico de construção da escola primária pública fluminense.

As legendas das fotografias indicam os nomes das escolas e foram confrontadas com os dossiês de escolas de Iguaçu depositados no Fundo Departamento de Educação do Arquivo Público do Estado do Rio de Janeiro (Aperj). A comparação das fotografias com os mapas de frequência escolar corroborou a tese da experiência híbrida de escolarização, ou seja, da concomitância de diferentes tipos de escolas primárias na organização dos modos de funcionamento e oferta da instrução (Dias, 2014a; Dias, 2016).

É preciso situar as imagens como "documento-monumento", no contexto social em que foram produzidas, e confrontá-las com outras fontes. Assim, desde o doutorado, notei algumas imprecisões ao cotejar as legendas que indicavam o nome das escolas e as tentativas de localizar documentação correspondente nos mapas de frequência escolar do Aperj. Posto que o aniversário de fundação da Vila de Iguaçu é celebrado em 15 de janeiro, e que nas notícias de todos os preparativos dos festejos do centenário não foram localizadas informações sobre as fotografias, eu tinha dúvidas se elas tinham sido produzidas ao longo do ano de 1933, depois das comemorações de janeiro, ou antes, em 1932.

Recentemente, em 2022, a pesquisadora Isabela Jara encontrou uma das fotos publicada em jornal em 1932 (O ensino primário…, 1932, p. 28), o que confirmou as suspeitas de que as fotografias tinham sido produzidas antes dos festejos do centenário.

Assim, os indícios permitem atribuir a datação de 1932 para as fotografias. Mas recorro na pesquisa aos registros documentais sobre as escolas numa periodização alargada, para situar os processos de escolarização e seus sujeitos.

A pesquisa sobre o conjunto de fotografias, por meio do cruzamento das legendas com outras fontes, permitiu identificar 51 escolas. Vinte e oito escolas estaduais, um grupo escolar estadual, dezessete escolas municipais, três escolas subvencionadas e duas escolas sem atribuição de classificação.

Como será revisitado neste livro, as fotografias, no cruzamento com outras fontes e à luz da bibliografia, nos ensinam sobre uma inserção de classes populares na escola pública, que era, na imensa maioria das vezes, restrita à passagem pela primeira série do ensino. Ademais, o estudo sobre o crescimento populacional em Iguaçu naquelas décadas atesta que muitas famílias não tinham oportunidade de matricular suas crianças nas escolas públicas da Baixada, ainda que o município estivesse nas primeiras colocações dos *rankings* de oferta de escolas.

A documentação no Fundo Departamento de Educação do Aperj informa aspectos das histórias das escolas entre 1929 e 1949. A pesquisa sobre as trajetórias profissionais também ampliou a periodização da pesquisa, porque abrangem informações sobre a atuação do magistério em Iguaçu para além do ano das fotografias, remetendo às primeiras décadas do pós-abolição, a partir do acervo da Escola Normal de Niterói, da pesquisa na Hemeroteca da Biblioteca Nacional e no acervo do jornal iguaçuano *Correio da Lavoura*, sob a guarda do Centro de Documentação e Imagem da Universidade Federal Rural do Rio de Janeiro (Cedim-UFRRJ).

Porém, para alguns retratos não foi possível aprofundar a confrontação das legendas com outros registros, como na seguinte imagem:

Figura 1 – Fotografia de escola não identificada

Fonte: IHGNI

Pela ausência da numeração na legenda, não foi possível saber se a imagem é de uma escola municipal ou estadual. O mesmo sucedeu nas imagens a seguir, provavelmente de uma mesma escola estadual que funcionava em dois turnos, localizada em Nilópolis:

Figura 2 – Fotografia de Escola em Nilópolis, 1.º turno

Fonte: Fundo Marcus Monteiro (FMM)

Figura 3 – Fotografia de Escola em Nilópolis, 2.º turno

Fonte: Fundo Marcus Monteiro

Todavia, mesmo nos casos em que não foi possível identificar as escolas, as imagens informam sobre a hegemonia de mulheres na categoria do magistério e sobre o perfil racial das professoras e estudantes. Quando ressalto que as fotografias atestam o perfil racial da população de Iguaçu, não resumo seu manejo ao aspecto de "prova".

Opero com o princípio teórico metodológico da fotografia como uma ferramenta técnica e como recurso simbólico de representação, pois é a imagem capturada de um objeto ausente e evoca a "similitude do que retrata" (Figueiredo, 2023, p. 30). A interrogação "A escola está na foto?" é um alerta sobre a sedução produzida pela "similitude" entre fotografia e o objeto retratado. As fotografias são também produtos históricos: "Fotografias como imagem são representação: são historicamente produzidas, historicamente fruídas e compreendidas, historicamente articuladas com sentidos construídos ao longo dos embates sociais" (Figueiredo, 2023, p. 40). Assim, as fotografias aqui investigadas foram submetidas aos interesses da pesquisa em história local da educação. Foram interrogadas no que podem entrever, em cruzamento com outras fontes, acerca das relações entre educação e relações raciais no Brasil numa perspectiva histórica, tendo o território de Iguaçu como recorte.

O conhecimento trazido pela pesquisa acerca do perfil racial das escolas da Baixada Fluminense da década de 1930, desde os estudantes aos docentes, é fomentado e alimenta o debate do campo da história da educação, do campo de estudos do pós-abolição e dos campos dos estudos das relações étnico-raciais e educação. Mirando o que é incontestável nas imagens — a presença de professoras e estudantes negras e negros — procuro neste livro situar o debate teórico sobre acesso e permanência na educação escolar no Brasil em face das desigualdades estruturadas pelo capitalismo, pelo racismo e pelas desigualdades de gênero. A história da profissão docente nas escolas de Iguaçu é compreendida aqui à luz das correlações entre Estado, raça, classe social no Brasil, do pós-abolição até a década de 1930.

Por isso, a interseccionalidade é recurso contra "interpretações reducionistas", ao tomar o conjunto de professoras retratadas: "O conceito de interseccionalidade assinala as limitações da categoria de gênero e revela a multiplicidade das mulheres, admitindo e entrelaçando outros elementos como raça e classe. Admitindo, assim, que a categoria de mulher não é universal, são mulheres e feminismos diversos" (Alves, 2018, p. 110).

Quinze docentes foram identificadas pelo nome a partir do cotejamento entre as assinaturas dos mapas de frequência escolar e as fotografias de escolas correspondentes, o que descortinou um novo universo metodológico de pesquisa que não existia na época do doutorado. Me refiro ao uso da busca "pelo fio do nome" (Ginzburg, 1989) na Hemeroteca da Biblioteca Nacional, onde são pinçadas na imprensa informações sobre a vida profissional das professoras, desde o ingresso de algumas delas na Escola Normal, ou ainda, aspectos da vida familiar e pessoal, a partir da menção dos nomes na imprensa fluminense. Na pesquisa no acervo da Escola Normal de Niterói foram localizadas algumas pastas dessas professoras, o que trouxe informações desde a candidatura para ingresso, os exames de admissão e alguns dados sobre nascimento.

A partir do cruzamento das fontes e numa perspectiva comparada, emergem trajetórias docentes. Trajetória foi um termo bastante adotado nos estudos de micro-história. Em primeiro lugar, busca se distanciar da noção tradicional de biografia. A pretensão é, a partir do método onomástico (Ginzburg, 1989), a partir das trajetórias dos indivíduos, entrelaçar a experiência e as dimensões sociais:

> [...] o método onomástico é para além de uma mera identificação dos indivíduos nos documentos históricos, um elemento que aos poucos faz emergir as redes de relações, escolhas e modos de agir que circunscrevem a vida dos indivíduos e possibilita a construção de uma imagem gráfica na qual está inserido (Alves, 2019, p. 44).

Ainda sob os percursos teórico metodológicos, não se buscou enquadrar dentro do território de Iguaçu, como um estudo de caso, como as questões entre Estado, escolarização, raça, classe social e magistério se interpenetram. Iguaçu não é um cenário previamente delimitado por limites geográficos. Experimento investigar a história local da educação considerando o território como produto da operação teórico-metodológica do pesquisador. Território como lugar social e trincheira epistemológica. Traçado arado no "campo" da pesquisa.

Ademais, tenho aprendido que adotar o território como posição de análise requer levar em conta que esse era um vértice considerado, pelo menos desde o século XIX, nos processos de criação e manutenção de escolas. Os processos de oferta ou não, acesso e permanência (ou não) à educação escolar têm correlação com os usos do território e com os projetos de ocupação de sua população.

Outra questão que não pode ser resolvida com um mero argumento baseado nas fotografias é nomear racialmente os sujeitos que ali figuram. Nos primeiros estudos publicados, adotamos a nomeação de "não-brancos" (Barros; Dias, 2020, p. 6). Esse recurso nos afasta de incorrer no uso de palavras que na década de 1930, quando as fotos foram realizadas, eram saturadas de estigmas e sentidos racistas. A historiografia sobre o período é hoje robusta em reconhecer pensamentos e políticas que entre os séculos XIX e XX racializaram e discriminaram os sujeitos a partir da cor de pele (Schwarcz, 1993; Maio; Santos, 1996). Mas, à luz do debate de nosso tempo presente, afirmar negros e negras, considerando aí toda sorte de tons de pele daqueles não privilegiados no pacto da branquitude (Bento, 2022) cabe como posicionamento político e historiográfico. Se trago para este debate, novamente, a oposição a uma historiografia alaranjada sobre a história de Iguaçu, afirmar o uso político de nomear como sujeitos *negros* — não como uma definição da expressão mais ou menos retinta da cor da pele, mas na afirmação política da construção histórica das relações raciais no Brasil — é uma posição política e de análise assumida neste livro.

A pesquisa documental foi desenvolvida a partir dos acervos da Biblioteca da Assembleia Legislativa do Estado do Rio de Janeiro (Alerj), do Arquivo Público do Estado do Rio de Janeiro (Aperj), do Centro de Documentação e Imagem (Cedim-UFRRJ), da Hemeroteca da Biblioteca Nacional, da Escola Normal de Niterói e do conjunto de 76 fotografias.

No Capítulo 1, inscrevo a pesquisa realizada dentro da expressiva historiografia da Baixada Fluminense. A história da educação é temática que deve ser considerada para a compreensão da constituição do território e, em função do desenvolvimento da historiografia na primeira década do século XXI, insiro o conjunto das fotografias dentro da perspectiva da longa história da educação local. A historiografia acerca da criação de escolas e lotação de professores na região desde o século XIX sinaliza as permanências que configuraram os processos de escolarização do Recôncavo da Guanabara. No século XX, a partir da criação das prefeituras, houve avanço na iniciativa municipal com a oferta de escolas públicas e subvencionadas. Assim, apresento as escolas que foram identificadas como municipais e seus aspectos comuns de funcionamento. O perfil racial colhido nas fotografias é contextualizado a partir da historiografia sobre a ocupação da Baixada Fluminense entre o século XVIII, o pós-abolição e os dados censitários da década de 1940 acerca do crescimento populacional e do acesso à instrução em Iguaçu.

No Capítulo 2, a partir da análise de fotografias das escolas estaduais e dos dados sobre quantitativo de estudantes por série do ensino, discuto as tensões entre acesso, permanência e exclusão da maior parte da população da Baixada Fluminense dos bancos escolares. Além do que pode ser lido nas fotografias de 1932, apresento aspectos da história das escolas numa fronteira temporal alargada entre as décadas de 1910 e 1940. Ainda que as fotografias das escolas dos distritos mais populosos reflitam crianças e docentes amontoados, que quase não cabem nas fotos, a partir da documentação das escolas problematizo a insuficiência do acesso e reflito sobre os limites da experiência da educação formal devido à concentração dos estudantes na primeira série do ensino.

No Capítulo 3, apresento as trajetórias profissionais de 15 docentes que foram identificadas, pelo nome, no cruzamento entre fotografias e outros documentos. A partir da busca "pelo fio do nome" (Ginzburg, 1989), os limites temporais alcançaram o final do século XIX, devido à descoberta de alunas da Escola Normal que nas décadas de 1920, 1930 e 1940 atuaram no magistério público em Iguaçu. As trajetórias são comparadas e interrogadas no que informam sobre as políticas do governo fluminense acerca da profissão.

O perfil racial observado nas fotografias, bem como a pesquisa sobre as trajetórias, pretende, assim, inscrever este estudo nos esforços da historiografia da educação em colocar em cena a atuação de mulheres *negras* em ofícios letrados, e, evidentemente, a agência dessas mulheres na oferta da instrução pública e na construção da história da educação no Brasil.

# Capítulo 1

## LUGAR DE ESCOLAS: O TERRITÓRIO COMO POSIÇÃO DE ANÁLISE

O que a pesquisa da história da educação ensina sobre o processo histórico de ocupação populacional e usos sociais da região da Baixada Fluminense? A pergunta é um convite para a compreensão de que os estudos da história da educação, ao assumirem os territórios como posições de análise, iluminam o conhecimento sobre o *lugar* e também revelam, a partir da escala *local*, outras possibilidades inteligíveis para o fenômeno educacional. Não se trata apenas de situar o lugar das escolas em Iguaçu a partir das fotografias, no cruzamento com outras fontes. Mas, sim, examinar, numa perspectiva histórica, os processos de criação de escolas, a lotação de professores, os dados sobre matrículas e o perfil racial dos estudantes e docentes como elementos do contorno da organização social do território, posto que "a história da educação, por ter como objeto uma ação à qual todos os sujeitos estão de algum modo submetidos, não pode ser ignorada nas reflexões que procuram compreender esse território" (Dias; Borges; Pinheiro, 2021, p. 44).

Sob essa ótica, o território não é um cenário, um mapa, uma delimitação geográfica prévia à pesquisa, onde se procura investigar como aconteceu a emergência das escolas. Faria Filho adverte sobre a necessária cautela em mobilizar a noção de região, pois é uma noção "comprometida com estratégias de mobilização política, homogeneização cultural, de produção de identidades e, por fim, de classificação social" (Faria Filho, 2009, p. 63). A partir dessa premissa, o território é nomeado, delimitado, interrogado, a partir da operação epistemológica produzida pelos pesquisadores.

Luciano Faria Filho propõe outra possibilidade de utilização do regional na história da educação, como *posição de análise*, isto é, pensar a região como *lugar epistemológico*. Na perspectiva de Jaques Revel em *Jogos de escalas*, defende o uso da noção de regional como "escala analítica a ser produzida, justificada e utilizada pelo pesquisador em história da educação" (Faria Filho, 2009, p. 64).

A análise acerca dos estudos produzidos sobre história da educação da Baixada Fluminense ressalta que os estudos locais não são isolados nem de mero interesse regional, pois "são escalas de análise que se sustentam em profícuo diálogo com os debates, problemas e pautas da escrita acadêmica e para ela também apresentam necessidades de reelaboração de fronteiras, perspectivas, acervos e narradores" (Dias; Borges; Pinheiro, 2021, p. 33).

Por isso, inverto aqui a escala: não se trata de dissertar sobre o resultado da pesquisa sobre história da educação da Baixada Fluminense, mas o que é produzido acerca da história e da historiografia da educação quando o território é uma posição epistemológica de análise: "A pretensão não seria de circunscrever um objeto a uma região e mostrar a forma como ele se realiza ali, em sua particularidade, mas qual inteligibilidade é possível produzir para aquele fenômeno quando me disponho a 'observá-lo' de determinada posição, ou escala, em sua universalidade" (Faria Filho, 2009, p. 65).

Nessa empreitada, interrogo os estudos da historiografia local da educação que abarcam a periodização do século XIX para inserir as fotografias de escolas como instantes de um longo processo de capilarização de escolas públicas no território fluminense. Interessante observar que as freguesias, munícipios e distritos foram coordenadas consideradas nas políticas de criação de escolas e lotação de docentes desde o século XIX, recurso que permanecerá utilizado na primeira metade do século XX. Em comparação com a história local da educação do século XIX, a ação dos poderes municipais será mobilizada a partir do século XX, principalmente em Iguaçu, com a criação da prefeitura em 1919, o que impregna a câmara municipal de outras relações de força.

Como foi constatado em estudos anteriores, a distribuição de escolas pelo município de Iguaçu nas décadas de 1930 e 1940 foi desigual (Dias, 2014a). A compreensão desse fenômeno deve considerar o território como uma escala atravessada por periodizações, usos sociais e econômicos, mobilizado pelas correlações entre as forças políticas locais, estaduais e federais. No caso em tela, por se tratar de fotografias de escolas públicas primárias, é incontornável o estudo da atuação do governo estadual em ditar a oferta das escolas, as diretrizes e as normas de ingresso e exercício na profissão (Rodrigues, 2019).

Assumir o território como posição de análise, como enquadramento epistemológico, requer, também, o convite a outras escalas que atravessam as definições de acesso ou de interdição às formas educativas: gênero, raça e classe social.

Nessa perspectiva, recorro às proposições dos debates sobre história e interseccionalidade. Em estudo sobre os usos da adoção da categoria *gênero* no campo da história, Jéssica Alves pontua os riscos e críticas a uma "história das mulheres" que cristalizasse dicotomias e perdesse o foco das diferenças existentes quando o debate de raça e classe social era ignorado nas pesquisas sobre a condição feminina (Alves, 2018). Foi a partir dos debates e pesquisas produzidas por feministas negras, como Ângela Davis (2016), que as posições de classe social e raça foram manejadas de modo a produzir outras inteligibilidades ao estudo das mulheres. Assim, Jéssica Alves afirma que "a reformulação de perguntas é um primeiro passo importante para aplicar a interseccionalidade na análise histórica" (Alves, 2018, p. 113).

Enquanto aparato teórico e metodológico, "a interseccionalidade possibilita a produção de novas formas de conhecimento sobre o mundo social" (Alves, 2018, p. 115). Sob esse aceno é que reformulo as perguntas endereçadas às fotografias. O que suscitam investigar sobre o perfil populacional e racial das escolas de Iguaçu? É dessa posição de análise, a partir do território, que gênero, raça e classe social são chaves de análise para a história local da educação.

## Processos de escolarização no Recôncavo da Guanabara

A escrita da história da Baixada Fluminense prosperou na produção da pós-graduação sobretudo a partir da década de 1990 (Silva, 2021). No campo da história da educação, estudos desenvolvidos principalmente em licenciaturas e em programas de mestrado e doutorado têm dado contorno a uma produção que contempla territórios da Baixada Fluminense como unidade e posição de análise.

O levantamento publicado em 2021 sobre a historiografia da educação da Baixada Fluminense atesta o crescimento dos estudos acadêmicos, com destaque para pesquisas que descortinam o cenário educacional desde a primeira metade do século XIX (Dias; Borges; Pinheiro, 2021).

A análise da malha escolar primária do Recôncavo da Guanabara no período do Império ensina sobre os movimentos de expansão do número de escolas e de docentes que aconteceram na província do Rio de Janeiro (Borges, 2023). Ocorreu ao longo do século XIX a difusão da escolarização sob a direção do governo provincial, por meio da emissão de decretos de criação das escolas, instalação em prédios, fornecimento de mobílias e materiais, assim como a destinação de professores para as escolas (Borges, 2023, p. 18).

Investigações sobre as freguesias e vilas de Iguaçu, Estrela e Magé — territórios do Recôncavo da Guanabara — evidenciam o processo de instalação de escolas primárias públicas por iniciativa dos governos provinciais. Essas escolas e seus agentes (docentes, estudantes e familiares) colaboravam na disseminação de códigos de conduta e de formas de sociabilidade de uma cultura letrada, ao lado de "uma variedade de espaços e formas de educação instituídos por agentes públicos e particulares, voltados para crianças, jovens e adultos, homens e mulheres, brancos e negros, mestiços, livres e libertos" (Borges, 2023, p. 20). Desse modo, as escolas primárias existiam em concomitância com formas educativas como associações culturais e recreativas, sociedades de música e de teatro, irmandades religiosas, gabinetes de leitura e festas religiosas existentes na região:

> A escola oitocentista não era uma instituição isolada. Ela afetava e era afetada pelo funcionamento da localidade. A vizinhança do entorno da escola, a própria escola e seus sujeitos estabeleciam relações de disputas, conflitos, tensões, mas também redes de solidariedade e apoio estratégico. (Borges, 2023, p. 22).

Contudo, ao apresentar dados sobre a existência de um "Recôncavo escolarizado" (Borges, 2023, p. 22) ao longo do século XIX, as pesquisas apontam aspectos, características e dificuldades de um processo histórico que perduram na história da educação de Iguaçu no período posterior, alcançando a primeira metade do século XX.

O primeiro aspecto em comum é a centralidade da administração estadual na criação do maior número de escolas e matrículas. O segundo aspecto é o uso dos critérios da densidade populacional para determinar que localidades seriam comtempladas. A nomenclatura das escolas primárias, divididas em masculinas, femininas e mistas, assim como a criação de escolas noturnas e escolas agrícolas é o terceiro aspecto a destacar. A situação de "tropeirismo" (Jara, 2023) destinada à maior parte dos docentes e, por fim e não menos importante, a presença de estudantes e docentes negros são outros aspectos históricos que perduram entre os séculos XIX e as primeiras décadas do século XX. Ou seja, as fotografias de escolas da década de 1930 encenam parte do que foi a experiência do processo de escolarização em curso desde o século XIX e devem ser analisadas tendo em perspectiva esse processo. Entendo que "o exercício de operar com temporalidades distintas e com escalas espaciais nos ajuda a desnaturalizar e historicizar a Baixada Fluminense no tempo e no espaço" (Dias; Borges, 2022, p. 93).

A densidade populacional foi o argumento para a escolha de quais locais seriam contemplados com a instalação da escola pública pelo governo provincial. Informações sobre a atuação das câmaras municipais na criação de escolas só foram encontradas a partir da década de 1880. Território, densidade populacional e criação de escolas se imbricavam:

> O desenvolvimento das freguesias incidiu também na definição da distribuição das escolas públicas no município. Em geral, o critério de escolha da localidade tinha relação com a densidade populacional que, por sua vez, estava relacionada às oportunidades de melhoria de vida e acesso a um leque maior de serviços. (Dias; Borges, 2021, p. 96).

Os resultados de pesquisa sobre o número de escolas existentes em Iguaçu, Magé e Estrela no intervalo de cinquenta anos (1839-1889) revelam o crescimento do número de escolas e de matrículas.

Em 1869, comparativamente com as outras regiões da província do Rio de Janeiro, havia um certo destaque para os números de escolas da comarca de Magé, como foi designada a região de Inspecção da instrução para os municípios de Iguaçu, Estrela e Magé desde 1862, ficando atrás apenas da capital fluminense, Niterói (Borges, 2023, p. 26-27). Em 1869 a comarca de Niterói tinha 30 escolas primárias públicas, sendo 15 para meninas e 15 para meninos, enquanto a comarca de Magé tinha 22 escolas, sendo 13 escolas de meninos e 9 escolas para meninas (Borges, 2023, p. 27).

Em 1870 existiam 6.558 estudantes matriculados nas escolas públicas primárias da província, sendo 4.582 meninos e 1.976 meninas, distribuídos entre 281 escolas primárias (150 masculinas e 131 femininas, estando providas apenas 114 masculinas e 73 femininas) (Dias; Borges, 2021, p. 95). Havia também 113 escolas particulares.

Em 1889, o relatório do diretor da instrução pública anotava a existência de 439 escolas em toda a província do Rio de Janeiro, sendo 249 masculinas, 178 escolas femininas, 12 mistas e 15 noturnas (Borges, 2023, p. 17). Nessa contabilidade, Estrela tinha 8 escolas, Magé tinha 14 escolas e Iguaçu tinha 16 escolas primárias públicas, somando 38 escolas públicas provinciais (Borges, 2023, p. 25).

A diversidade de tipos de escolas existia desde o século XIX e algumas nomenclaturas foram mantidas ao longo da primeira metade do século XX. Como, por exemplo, a existências das escolas particulares e a nomenclatura das escolas primárias públicas, divididas em masculinas, femininas e mistas, assim como a criação de escolas noturnas, escolas agrícolas e escolas subvencionadas pelo poder público.

Angélica Borges identifica que o acesso aos tipos de escolas ofertados, assim como os níveis de instrução experimentados, demarcava pertencimentos de gênero, raça e classe social. O ensino público era o lugar de instrução das crianças pobres (Borges, 2023, p. 23). Crianças de famílias mais abastadas frequentavam escolas primárias particulares na própria região ou na capital da província ou do Império. Não havia instituições de ensino secundário ou superior na região do Recôncavo, por serem projetos de formação mais restritos para as camadas das elites (Borges, 2023, p. 24).

A análise da distribuição das escolas públicas, do número de crianças matriculadas e de crianças não matriculadas em cada freguesia do município de Iguaçu (Nossa Senhora da Piedade de Iguaçu, Nossa Senhora da Conceição de Marapicu, Santo Antônio da Jacutinga, São João Batista do Meriti e Santana das Palmeiras) corrobora a desigualdade entre a oferta de escolas e as demandas populacionais, que é agravada quando se observam as diferenças entre taxas de matrícula e frequência (Limeira; Miranda, 2023, p. 94-95).

Beatriz Santos observa cenários de oferta de instrução pública desiguais quando compara as freguesias que formavam o município de Estrela (Santos, 2023, p. 49). A Freguesia de Nossa Senhora do Pilar foi a que conquistou mais tarde, na história do município, a criação (1851) e o provimento (1854) de uma escola primária para meninos (Santos, 2023, p. 49). A criação de uma escola para meninas na freguesia só ocorreu, segundo a autora, em função da obrigatoriedade estabelecida pelo Decreto n. 1.470 de 3 de dezembro de 1869, que determinava a criação de escolas de meninos e escolas de meninas "nas freguesias que ainda estavam privadas deste elemento de civilização" (*apud* Santos, 2023, p. 53).

Kimberly Pereira (2023) analisa o impacto das diretrizes para criação de escolas para a instrução feminina no município de Magé. Há menção de escolas públicas femininas criadas em 1837 na província, e a primeira escola feminina de Magé foi criada em 1839 (Pereira, 2023, p. 69). Ao longo do século XIX houve o aparecimento de novas escolas públicas femininas em toda a província fluminense, acontecendo também o crescimento de escolas em Magé. Se em 1838 havia duas escolas públicas femininas em toda a província fluminense, houve 72 escolas em 1860, 131 escolas em 1870, 158 escolas em 1880 e 184 escolas em 1889. Ao longo de todo esse período, Magé alcançou a marca de 23 escolas públicas, sendo 10 escolas femininas (Pereira, 2023, p. 70-71). A análise de Kimberly apresenta que os discursos sobre as motivações da educação escolar estavam vinculados a projetos de preparação das meninas para a vida doméstica como esposas e mães, um ideal de formação que implicava currículos diferenciados para meninos e meninas (Pereira, 2023, p. 69).

De acordo com a Lei Geral de 1827, a previsão da criação de escolas para meninas poderia ocorrer nas cidades e vilas mais populosas, a critério dos presidentes dos conselhos, o que, de fato, não estimulou a criação de escolas para meninas. Por isso o crescimento mais significativo foi motivado na década de 1870 pela iniciativa do governo provincial que instava a criação de escolas masculinas e femininas em todas as freguesias que ainda não contassem com essa oferta (Pereira, 2023, p. 71). Desse modo, é na confluência entre iniciativas da legislação provincial que se compreendem os ritmos de implantação de escolas em municípios como Magé. Contudo, os dados do censo de 1872 sobre alfabetizados e analfabetos nas freguesias de Piedade, Aparecida, Guapimirim, Suruí, Teresópolis, Sapucaia resultavam que, dos 27.291 habitantes, 3.555 eram alfabetizados, o que significa também que 86,98% da população do município de Magé era analfabeta (Pereira, 2023, p. 67).

São esses descompassos entre o aumento do número de escolas ao longo das décadas e a permanência de desigualdades entre demandas atendidas ou negadas que informam sobre os ritmos dos processos de escolarização no Recôncavo da Guanabara.

Como dito anteriormente, nos processos de criação de escolas a obrigatoriedade de dotar cada freguesia de uma escola para meninos e para meninas teve impacto no aumento da criação de escolas para meninas, de modo a atender ao estabelecido (Borges, 2023). Contudo, nas décadas seguintes, o expediente da abertura de escolas mistas foi adotado para reduzir as despesas em educação. Alegava-se que a baixa frequência em escolas masculinas e em escolas femininas de uma localidade poderia ser resolvida com a junção das duas escolas: "com a escola mista, a província passaria a pagar o salário de apenas uma professora e o aluguel de apenas um prédio" (Borges, 2023, p. 28).

Outro tema que incidiu sobre as iniciativas de criação de escolas primárias públicas foi a Lei do Ventre Livre de 1871, aprofundando o debate do acesso das crianças negras livres e libertas aos bancos escolares (Borges, 2023, p. 28). Como tem sido sobejamente demonstrado pela historiografia da educação brasileira, ainda que houvesse regulamentos provinciais proibindo a matrícula de escravizados em escolas, houve casos de burla e ainda o ingresso regular de parcela da população liberta nas escolas, na condição de estudantes e de docentes (Barros; Dias, 2020).

A atuação das câmaras municipais na oferta de escolas públicas no Recôncavo foi localizada na década de 1880, com registro de escolas existentes em Magé e Estrela em 1881, havendo três escolas municipais em cada município em

1888 (Borges, 2023, p. 29). A subvenção de escolas pelas câmaras foi prevista em 1889, o que expandia a competência municipal.

Em Iguaçu, o Código de Posturas aprovado em 1886 reservou um capítulo para a instrução pública. Os três artigos, em termos gerais, ressaltavam a competência da câmara em fiscalizar e estimular a matrícula e a frequência de crianças nas escolas, assim como produzir listas de crianças "órfãos de pai e mãe e pobres" (*apud* Limeira; Miranda, 2023, p. 89) que não estivessem aprendendo a ler, para serem tomadas atitudes que sanassem essa falta.

Entre demandas de escolarização não atendidas (ou seja, dados que revelam que não havia número de matrículas suficiente para atender a população em idade escolar) e os números sobre a baixa frequência dos matriculados, a administração pública ressaltava as dificuldades encontradas pelas famílias em manter os filhos nas escolas, seja devido a dificuldades de vestir, calçar, atravessar longas distâncias e/ou manter os filhos fora de atividades de trabalho e sustento da família (Limeira; Miranda, 2023, p. 96).

Entre as iniciativas da administração, além da subvenção de escolas em localidades desprovidas de escolas públicas, houve a criação de escolas noturnas destinadas à escolarização primária de trabalhadores. Há registro de escola noturna criada na Vila de Iguaçu em 1888 (Limeira; Miranda, 2023, p. 97). Há registros de matrículas em escolas particulares e subvencionadas em Iguaçu. Entre 1883 e 1887, houve um crescimento no número de escolas subvencionadas em Iguaçu, chegando a 6 escolas para meninas e 5 escolas para meninos, situação que reflete o que ocorria em todo o cenário da província, pois, entre 1883 e 1889, o número cresceu de 114 para 246 escolas subvencionadas pelo governo provincial (Limeira; Miranda, 2023, p. 92-93).

Quando o assunto é o provimento das escolas com docentes, instalações físicas adequadas, mobílias e materiais para o ensino, a situação preponderante era do funcionamento das escolas em prédios alugados e a insuficiência do abastecimento de mobílias e livros. As instalações de escolas em Iguaçu seguiam o expediente adotado do aluguel de casas, já que não havia os prédios disponíveis ou considerados adequados para o funcionamento das aulas em termos de salubridade, localização etc. De acordo com relatório de 1880 as nove escolas de meninos e as cinco escolas de meninas de Iguaçu funcionavam em casas alugadas (Limeira; Miranda, 2023, p. 90).

Para o caso dos professores, predominava uma situação similar aos "tropeiros", posto que era comum a oscilação na lotação dos professores em diferentes escolas, por meio de remoções, permutas e licenças. Na esteira do "fazer-se", Jara analisou, no período 1895–1925, o processo de funcionarização de professores primários públicos das escolas iguaçuanas e cunhou a expressão "tropeiros da instrução" para se referir aos professores cujas trajetórias se assemelhavam ao tropeirismo, em razão da itinerância, levando o projeto de instrução primária a diferentes territórios, um "ir e vir em função do ofício. Um ir e vir que não se limitava ao exercício de seu trabalho, mas que foi fundamental na conformação cultural das localidades para onde rumavam" (Jara, 2017, p. 150).

A "alta rotatividade" dos professores não era um problema específico da região do Recôncavo da Guanabara, ainda que outras regiões pudessem ser mais atrativas (Borges, 2023, p. 35). Há, contudo, casos de docentes que se fixaram na região.

Em 1870 havia 5 escolas públicas primárias para meninos e 5 para meninas em Iguaçu (Dias; Borges, 2021, p. 97). Em 1888 havia 16 escolas, 9 de meninos, 6 de meninas e 1 escola mista (Dias; Borges, 2021, p. 98). A comparação dos nomes de docentes lotados nas escolas em 1870 e em 1888 revela que apenas dois permaneceram nesse intervalo de tempo em Iguaçu, o que denota a característica de "acentuada rotatividade dos professores" (Dias; Borges, 2021, p. 99).

Sobre a composição do magistério em Iguaçu entre 1879 e 1889, foram identificadas 58 pessoas que atuaram na região, sendo relevante observar a diversidade de condições:

> Neste múltiplo quadro, temos 32 professores e professoras públicos (concursados), entre eles dois militares, um capitão e um tenente, a maioria homens, sendo apenas 13 mulheres. Havia sete substitutos e três provisórios, professores não concursados que atendiam em escolas públicas temporariamente, em razão de licenças ou remoções (embora se tenha registro de uma professora com quatro anos de exercício "provisório" em Iguaçu, Eugenia Carolina). Existiram seis professores particulares, sendo três deles de ensino avulso (aulas de música) e apenas três do ensino primário (havendo uma única mulher), e cinco professores subvencionados pelos cofres públicos (duas mulheres). (Limeira; Miranda, 2023, p. 100).

Beatriz Santos apresenta algumas trajetórias docentes em Estrela, como a de Honorato Ignacio de Carvalho, que foi professor na Freguesia de Inhomirim por doze anos, antes de ser removido para uma escola de Niterói. O professor habilitado pela Escola Normal foi bastante prestigiado na imprensa fluminense, sendo festejado como um dos mais antigos e conceituados professores da província fluminense (Santos, 2023, p. 56). No entanto, a experiência mais comum de magistério era a mudança dos sujeitos destacados para atuar na região entre 1846 e 1889 e, segundo Beatriz Santos, a rotatividade

> [...] muito tem a ver com as condições em que se encontravam as escolas instaladas na região. A falta de mobília escolar, os pagamentos atrasados, as condições insalubres, as frequentes buscas por permutas, remoções e licenças médicas dizem muito sobre a não permanência dos docentes em suas cadeiras e do desejo dos mesmos por melhores condições de trabalho (Santos, 2023, p. 58).

O cotidiano do magistério público lotado na região de Estrela era marcado por

> [...] questões ligadas ao provimento das escolas, à formação docente, a falta de pagamento dos salários, o não custeio das escolas e a busca do professorado por uma melhor condição de trabalho. Neste caso, notamos que tais problemas eram agravados pela insalubridade e ocorrência de epidemias na localidade que acabaram por tornar o exercício do magistério na região menos atrativo e levando a frequente rotatividade e vacância das cadeiras (Santos, 2023, p. 59).

Nas experiências de magistério em Magé, foram encontradas cobranças pelo repasse de pagamentos, problemas no pagamento de aluguéis das escolas e no custeio do material escolar. Os pedidos de licenças para tratamentos de saúde e as constantes remoções obrigatórias ou a pedido e permutas fomentavam o cenário de deslocamentos dos docentes entre escolas de freguesias e municípios fluminenses (Pereira, 2023, p. 72-73) reverberando dificuldades para a consolidação e funcionamento das escolas (Pereira, 2023, p. 73).

Foi nesse período, a partir de 1876, que a exigência de formação na Escola Normal passou a ser um requisito para a nomeação pública para as escolas primárias, o que de fato se verificou em alguns casos para Iguaçu, como Augusto Ferreira da Silva, nomeado como efetivo para Iguaçu em 1877, tendo ingressado na Escola Normal em 1874 (Limeira; Miranda, 2023, p. 101).

> Em relação aos dados levantados, percebemos que o cenário iguaçuano não diferia do quadro geral das demais cidades na província fluminense: escolas criadas em decorrência de uma análise prévia sobre densidade demográfica, uma malha de ensino constituída entre pública, privada e subvencionada, frequência irregular do ensino com escolas fechadas por conta da pouca demanda, atuação de docentes com permanência irregular em decorrência de licenças, remoções, aposentadorias, transferências etc., dificuldades em relação à organização do espaço escolar (mobília, livros, compêndios), uso de espaços alternativos ao ensino, com casas alugadas para tal fim, entre outros aspectos. Na região, como em muitas outras, e semelhantemente à realidade das freguesias rurais da capital brasileira, não havia oferta de ensino secundário, nem público nem particular [...] Geograficamente, Iguaçu não constituía território da urbanidade central da província, como a corte ou Niterói, mas socialmente suas experiências educativas se assemelhavam em relação a esses aspectos gerais do processo de escolarização (Limeira; Miranda, 2023, p. 103-104).

Apesar do crescimento do número de escolas primárias públicas, de matrículas e de docentes que dinamizaram o cenário educacional da região do Recôncavo da Guanabara ao longo do século XIX, não se alcançou o atendimento de toda a população em idade escolar, as instalações das escolas não eram adequadas e faltavam mobílias, utensílios e livros: "mas as escolas públicas existentes e seus professores propiciaram a uma parcela da população de crianças, jovens e adultos o acesso à aprendizagem da leitura e da escrita" (Borges, 2023, p. 38).

Assim, esse conjunto de características comuns (atuação do governo provincial na criação de escolas, adoção de critérios de densidade populacional, impacto da obrigatoriedade de criação de escolas para meninas, instabilidade na fixação de docentes) que deu contorno ao processo de "ampliação e capilarização da malha escolar fluminense" demarcou também o processo nas freguesias do Recôncavo, ao longo do século XIX e nas primeiras décadas republicanas (Dias; Borges, 2021, p. 96).

A partir dos territórios como posição de análise, cabe considerar que

> [...] a capilarização da escola pública passa pela criação, instalação, provimento, mas também pelos efeitos produzidos pelo espaço escolar e pela atuação docente na região, redimensionando, reorganizando ou construindo redes de relações e jogos de poder que igualmente atuam na configuração da escola e de seus atores (Dias; Borges, 2021, p. 102).

O estudo sobre a história da educação do Recôncavo da Guanabara desde o século XIX é fundamental para demonstrar a longa periodização que dá curso aos processos de escolarização, de disseminação das escolas como políticas de Estado, e da própria configuração das políticas, normas e agências de inspeção do governo. Nesse sentido a história da educação pública é uma posição de análise da atuação do Estado nos territórios. "Fazer-se Estado fazendo escolas" implicava a oferta da instrução enquanto projeto de atuação junto a territórios e populações. Pela busca da disseminação de códigos letrados de condutas, visões de mundo, projetos de nação, a educação é compreendida em sentido amplo, tanto nas expectativas depositadas sobre a instrução escolar como modo privilegiado de socialização quanto como recurso de disseminação de novos códigos e práticas de sociabilidade nas sociedades capitalistas. Contudo, o processo não é linear nem progressivo, mas, sim, demarcado por oscilações, dificuldades e desigualdades entre regiões ou dentro de uma mesma freguesia.

O território do munícipio de Iguaçu, entre final do século XIX e até fins da década de 1940, correspondia a grande parte do que foi o Recôncavo da Guanabara, com exceção do território de Magé. Por isso, o conjunto de fotografias aqui reunidas abarca regiões que hoje remetem a outros munícipios da Baixada Fluminense, como São João de Meriti, Nilópolis, Duque de Caxias, Belford Roxo, Queimados e Mesquita.

A partir da década de 1910, o munícipio teve destaque na economia fluminense em função das atividades de cultivo e exportação de cítricos, em especial da laranja. Desde 1891 a sede administrativa do munícipio havia sido transferida para a localidade de Maxambomba, que, a partir de 1916, passou a ser chamada de "Nova Iguaçu". O munícipio só receberia a denominação atual em 1938. O extenso território, contudo, era mobilizado por diferentes usos sociais, fosse em função da economia ruralista, fosse pela ocupação populacional em áreas loteadas para moradia. Portanto, em um único munícipio, ocorriam diferentes usos sociais do território.

Em 1933, o primeiro distrito, Nova Iguaçu, era composto pela cidade de Nova Iguaçu e as localidades de Mesquita, Morro Agudo, Andrade Araújo, Prata, Ambahi, Santa Rita, Ahiva, Amaral e Carlos Sampaio, Belford Roxo, Heliópolis, Itaipú (Forte, 1933, p. 94-95).

O segundo distrito, com sede em Queimados, era formado por Queimados e Marapicu. O terceiro distrito tinha sede em José Bulhões, e era constituído por Retiro, São Bernardino, Iguaçu, Barreira, Tinguá, Paineiras, Rio d'Ouro, Santo Antônio, São Pedro. O quarto distrito tinha sede em São João de Meriti, e incluía as localidades de Berford, São Mateus, Thomazinho, Itinga, Rocha Sobrinho (na linha auxiliar), Villa Rosaly, Coqueiros, Coelho da Rocha. O quinto distrito era formado por Bonfim (sede), Palmeiras e Santa Branca. O sexto distrito tinha sede em Xerém, e incluía Actura, Pilar e Rosário. Nilópolis formava o sétimo distrito; Duque de Caxias formava o oitavo; e o nono distrito tinha Estrela como sede (Forte, 1933, p. 94-95).

Assim, como no século XIX, a oferta e manutenção de escolas públicas era manejada por normas e interesses políticos. Foi relevante, em Iguaçu, a atuação do governo municipal na oferta e manutenção de escolas públicas entre as décadas de 1920 e 1930. Certamente, a instauração das prefeituras, em 1919, favoreceu esse processo. Cabe, porém, na análise das fotografias e da documentação das escolas públicas municipais, a comparação com a atuação dos governos estaduais em escolas no mesmo território.

## Fotografias de escolas primárias públicas municipais

Os estudos sobre a capilarização da escola pública na Baixada Fluminense ressaltam ritmos diferentes para a atuação dos governos estaduais e munícipios, quando se trata da oferta de escolas públicas primárias (Dias; Borges, 2021). A historiografia da educação também aponta que carece de maior investimento a história da educação pela ótica das municipalidades (Gonçalves Neto; Carvalho, 2015).

Há dados sobre a atuação municipal na criação de escolas em Iguaçu a partir de 1893, sendo numericamente maior o número de escolas entre as décadas de 1920 e 1930. Há registros de 1 escola criada em 1893, 5 escolas em 1896, 9 escolas em 1920, 14 escolas em março de 1931 e 29 escolas existentes em dezembro do mesmo ano, alcançando a soma de 33 escolas municipais em 1933 (Dias; Borges, 2021, p. 106). A atuação da prefeitura municipal na educação ganhou expressão com a realização de concurso público para professores, ocorrido em 1931 (Silva, 2021). Em 1934 o município ocupava o quarto lugar na oferta de escolas públicas entre os municípios fluminenses. Esses esforços políticos na promoção da instrução integravam um conjunto de ações que relacionavam o desenvolvimento econômico local, a partir da citricultura, com o desenvolvimento de equipamentos culturais como as escolas (Dias, 2014a). A prefeitura participou da subvenção de escolas, como a um ginásio particular fundado em 1930, que ofereceu também o ensino primário (Esteves, 2023, p. 112).

Contudo, apesar do crescimento de escolas municipais em Iguaçu ressaltado nos relatórios estaduais, foi mais expressiva a existência de escolas estaduais na região. A análise dos mapas de frequência escolar de Iguaçu, depositados no Fundo Departamento de Educação do Arquivo Público do Estado do Rio de Janeiro, demonstra os tipos de escolas existentes, com maior existência de escolas públicas estaduais, tanto em quantidade quanto no número de matrículas. A documentação do Aperj, ainda que lacunar, compreende o período de 1929 a 1949 e foi fundamental para o cruzamento com as legendas das fotografias, tornando possível a análise dos retratos em consonância com os registros escolares.

No Fundo Departamento de Educação do Aperj identifiquei 74 notações para escolas existentes no ano de 1933 no município de Iguaçu. Ainda que as fotografias sejam de 1932, utilizo a documentação também do ano de 1933, porque são maiores as lacunas para o ano de 1932. Ou seja, identifiquei escolas em que há documentação desde 1929, mas em alguns casos não existem os mapas de frequência do ano de 1932. Cada notação corresponde a um dossiê com os mapas de frequência de uma escola. O formato e os campos dos mapas de frequência sofreram alterações ao longo dos anos, mas, a título de exemplo, os mapas a seguir, do ano de 1933, apresentam os principais campos, como os cabeçalhos, por onde foram comparadas as legendas das fotografias para identificação das escolas:

Figura 4 – Mapa de frequência da Escola Municipal Andrade de Araújo

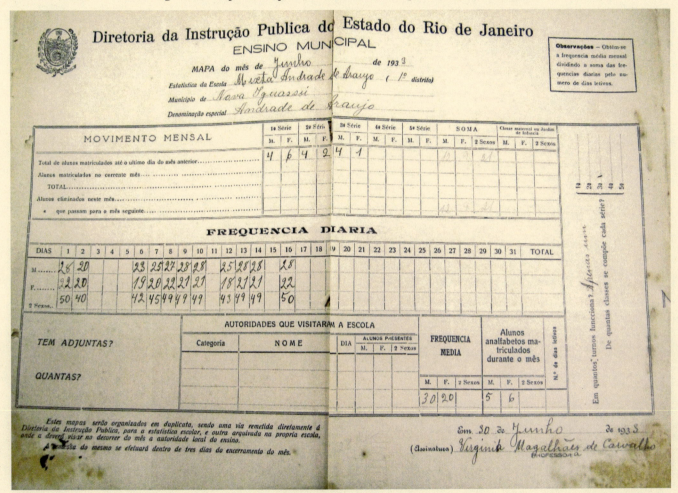

Fonte: FDE, Aperj, notação 02630

Figura 5 – Mapa de frequência da Escola Estadual n. 1

Fonte: FDE, Aperj, notação 02710

O Quadro 1 apresenta os tipos de escolas primárias públicas existentes na documentação de 1933. É maior a diversidade de tipos de escolas estaduais, assim como quantitativo de unidades escolares e maior o número de cargos de magistério nas escolas estaduais, em comparação com a quantidade de escolas e cargos de magistério na rede municipal.

Quadro 1 – Escolas primárias e cargos de magistério em Iguaçu, 1933

| Tipo | Municipais | Cargos de magistério | Estaduais | Cargos de magistério | Total por tipo de escola |
|---|---|---|---|---|---|
| Mista | 29 | 29 | 29 | 63 | 58 |
| Masculina | | | 3 | 12 | 3 |
| Feminina | | | 4 | 18 | 4 |
| Noturna Masculina | 2 | 2 | 2 | 2 | 4 |
| Noturna Feminina | | | 1 | 1 | 1 |
| Grupo Escolar | | | 1 | 13 | 1 |
| Seção Profissional Anexa | | | 2 | 3 | 2 |
| Subvencionada | | | 1 | 1 | 1 |
| | | | | | |
| Total | | 31 | | 113 | 74 |

Fonte: elaborado pela autora a partir de FDE, APERJ, Notações 02629 a 02764

De acordo com as informações, as escolas municipais eram ofertadas na modalidade de escolas mistas. Para cada escola mista havia uma docente responsável. Há mapas de frequência de duas escolas masculinas, noturnas, mantidas pela municipalidade.

O governo estadual, além da manutenção de 29 escolas mistas, ofertava escolas masculinas, femininas, noturnas, e era provedor do único grupo escolar do município e de duas seções profissionais femininas. É relevante o número de docentes lotados em escolas estaduais, como se observa no Quadro 1. Utilizo "cargos de magistério" porque identifiquei professoras que ocupavam mais de um cargo de docência.

Situação similar se repete no conjunto de fotografias, ou seja, constata-se o mesmo tipo de escola mista municipal e a maior quantidade e diversidade de tipos de escolas estaduais. Há três fotografias de escolas não identificadas, mas, do restante, há fotografias de 17 escolas municipais, sendo uma fotografia de escola municipal noturna. Há fotografias de três escolas subvencionadas, incluindo as imagens do Ginásio Leopoldo, que ofertava o ensino primário e o ensino secundário. Além do Grupo Escolar Rangel Pestana, identificamos 27 escolas estaduais fotografadas.

A localização das escolas pelos distritos do município, seja a partir dos retratos ou dos registros documentais, aponta maior diversidade e número de escolas e matrículas no primeiro distrito, Nova Iguaçu. Dessa perspectiva, emergem as diferenças entre centro-periferia — dentro de um mesmo território — posto que o distrito da sede administrativa tem maior número de escolas quando comparado com os números e tipos de escolas distribuídas nos outros distritos do mesmo município. Do mesmo modo, as condições de deslocamento, da oferta de vagas e as condições materiais dos prédios escolares devem ser considerados à luz das desigualdades regionais e dos diferentes usos rurais e urbanos do território. O mapa a seguir, ao representar a rede ferroviária do município de Iguaçu, em 1932, apresenta os municípios limítrofes e a centralidade do distrito-sede (Nova Iguaçu) na conexão viária e ferroviária com as outras regiões do município:

Figura 6 – Mapa da rede ferroviária de Iguaçu, 1932

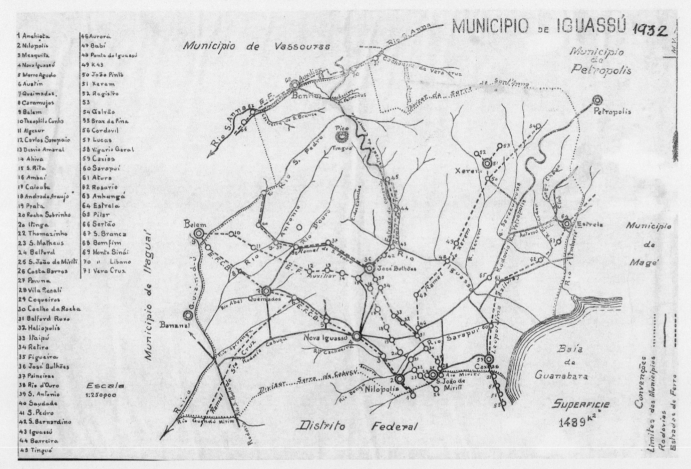

Fonte: Simões, 2011, p.126

Como demonstrado no Quadro 1 (Escolas primárias e cargos de magistério em Iguaçu, 1933), o governo estadual era responsável por maior oferta de escolas, desde escolas isoladas até o Grupo Escolar. Cabe observar que o Grupo Escolar possuía quantidade de professoras maior do que a soma do quadro de todas as escolas mistas municipais. Mesmo a comparação entre escolas mistas municipais e escolas mistas estaduais revela que as escolas estaduais tinham maior número de cargos, porque muitas funcionavam com mais de uma docente em cada turno. No total da oferta de tipos de escolas, a escola pública mista — municipal ou estadual — era o principal tipo de escola primária da região no distrito-sede (22 escolas mistas e 29 cargos de magistério) e nos demais distritos (36 escolas mistas e 63 cargos de magistério) (Dias; Silva; Silva; Araújo, 2023, p. 257-258).

Em março de 1932, o relatório do prefeito Sebastião de Arruda Negreiros mencionava a existência de 29 escolas municipais em Iguaçu. Considero, no presente estudo, que as fotografias foram realizadas ao longo do ano de 1932. Nesse sentido, este livro reúne 17 fotografias de escolas municipais, de um universo de 29 escolas municipais.

A seguir, apresento as fotografias de escolas municipais, onde é possível perceber a semelhança da situação em que uma regente é responsável por um conjunto de estudantes. Das dezessete fotografias das escolas municipais, dez escolas eram localizadas no primeiro distrito e sete escolas estavam localizadas em outros distritos de Iguaçu.

Importante notar que cada fotografia reúne o conjunto dos sujeitos da escola que estiveram presentes no dia do registro, logo, não são imagens de "turmas", mas, como inscrito nas legendas, são fotografias de escolas. Ademais, cabe ressaltar que "o que se atesta como *realidade* na fotografia é a representação de um fragmento escolhido como representativo de uma situação vivida e registrada, não sendo necessariamente a vivência por inteiro" (Figueiredo, 2023, p. 34, grifo da autora).

Os recursos técnicos da produção das fotografias na década de 1930 devem ser considerados, em parte, na justificativa de majoritariamente docentes e estudantes figurarem com semblantes sérios. A técnica de captura requeria tempo e retidão. A isso soma-se a encenação dos valores de conduta requeridos no espaço da escola.

Importante destacar que a ação do prefeito de Iguaçu de encomendar fotografias de escolas, estradas, festejos e eventos públicos no município é contemporânea à de outros prefeitos no período republicano, incluindo o Distrito Federal.

Ana Valéria de Figueiredo (2023) investigou por meio de fotografias como foi construída e representada a "imagem da professora" de escolas públicas do município do Rio de Janeiro entre 1890 e 1930. Por ser a capital da República, a autora destaca as intencionalidades de que, pelas fotografias, as docentes representassem os valores de ordem, hierarquia e conduta que se almejava implantar com o regime republicano (Figueiredo, 2023, p. 16). Os trajes, mobiliários, prédios e sujeitos eram ordenados e enquadrados, na produção das fotografias, para encenar um projeto político no qual as escolas tinham importante função social, posto que "produzir imagens é também produzir discursos sobre vida vivida e devir" (Figueiredo, 2023, p. 29).

No caso das fotografias de escolas de Iguaçu, cabe notar que todas são do tipo "retrato", ou seja, a imagem foi intencionalmente criada, produzida, os sujeitos foram organizados para a "pose", como se fossem objetos de um pintor, ao contrário de um registro de atividade que estivesse sendo realizada espontaneamente (Figueiredo, 2023, p. 71).

As escolas de Iguaçu foram fotografadas a partir da centralidade de sujeitos, com poucas pistas sobre os prédios escolares e nenhuma notícia sobre o interior das escolas, mobiliário etc. As legendas escritas informam nomes das escolas, o que nos permite, assim, fazer uma leitura de que ali estão representados alunos e professoras. É nesse sentido que a imagem "permite que se reconheça uma identidade social, que apresenta um estatuto, uma posição, uma maneira especial de ser-e-estar no mundo" (Figueiredo, 2023, p. 29). A série de fotografias, encomendadas pela prefeitura, é um recurso, "uma forma institucionalizada que marca visivelmente a existência do grupo, da classe ou da comunidade" (Figueiredo, 2023, p. 29). Em trabalhos anteriores, discuti a encomenda das fotografias como recurso de propaganda da "modernidade" iguaçuana (Dias, 2019).

Figura 7 – Fotografia Escola municipal Doutor Thibau

Fonte: IHGNI; FDE, Aperj, notação 02681

Figura 8 – Fotografia Escola municipal Andrade de Araújo

Fonte: IHGNI; FDE, Aperj, notação 02630

Figura 9 – Fotografia Escola municipal Barão de Mesquita

Fonte: IHGNI; FDE, Aperj, notação 02633

Figura 10 – Fotografia Escola municipal Doutor França Carvalho

Fonte: IHGNI; FDE, Aperj, notação 02659

ENTRE RETRATOS E REGISTROS: MAGISTÉRIO E ESCOLAS PÚBLICAS EM IGUAÇU (1932)

Figura 11 – Fotografia Escola municipal Doutor Guilherme Guinle

Fonte: IHGNI; FDE, Aperj, notação 02663; 02666

Figura 12 – Fotografia Escola municipal Coronel França Soares

Fonte: IHGNI; FDE, Aperj, notação 02657

Figura 13 – Fotografia Escola municipal Dona Maria de Souza

Fonte: IHGNI; FDE, Aperj, notação 02730; 02695

Figura 14 – Fotografia Escola municipal Doutor Nilo Peçanha

Fonte: IPAHB; FDE, Aperj, notação 02696

Figura 15 – Fotografia Escola municipal Belford Roxo

Fonte: FMM; FDE, Aperj, notação 02637

Figura 16 – Fotografia Escola municipal noturna n. 1

Fonte: IHGNI; FDE, Aperj, notação 02684

ENTRE RETRATOS E REGISTROS: MAGISTÉRIO E ESCOLAS PÚBLICAS EM IGUAÇU (1932)

Figura 17 – Fotografia Escola municipal Desembargador Eloy Teixeira

Fonte: IHGNI; FDE, Aperj, notação 02658

Figura 18 – Fotografia Escola municipal Francisca Rosa

Fonte: IHGNI; *Correio da Lavoura*, 12 mar. 1931, p. 2

ENTRE RETRATOS E REGISTROS: MAGISTÉRIO E ESCOLAS PÚBLICAS EM IGUAÇU (1932)

Figura 19 – Fotografia Escola municipal Rangel Pestana

Fonte: IPAHB; FDE, Aperj, notação 02651

Figura 20 – Fotografia Escola municipal Ignacio Serra

Fonte: IPAHB; FDE, Aperj, notação 02667

Figura 21 – Fotografia Escola municipal Doutor Tavares Guerra

Fonte: IPAHB; FDE, Aperj, notação 02774

Figura 22 – Fotografia Escola municipal em Duque de Caxias

Fonte: IHGNI; *Correio da Lavoura*, 12 mar. 1931, p. 2

Figura 23 – Fotografia Escola municipal Arruda Negreiros

Fonte: IPAHB; FDE, Aperj, notação 02653

Das dezessete fotografias de escolas municipais, não localizei os mapas de frequência da Escola Municipal Francisca Rosa (Fotografia 18) e da Escola Municipal em Duque de Caxias (Prefeitura, 1931, p. 2). Para as demais escolas, há documentação do ano de 1932, quando todas funcionavam em apenas um turno com até as três primeiras séries do ensino, sob a regência de uma única professora e com o predomínio de matrículas em classes da primeira série do ensino (FDE, Aperj, notações 02681, 02630, 02633, 02659, 02657, 02730, 02696, 02637, 02684, 02658, 02651, 02667, 02774, 02653). Com a exceção da Escola Noturna Masculina (Fotografia 67), todas as escolas recebiam meninos e meninas.

Ainda que na década de 1930 já existisse o modelo da escola primária seriada com cinco séries de ensino, as escolas municipais no município de Iguaçu eram de 1º grau ou 2º grau, isto é, criadas para ofertar somente a 1ª e 2ª séries ou a 1ª, 2ª e 3ª séries. O exame dos dossiês de escolas, ano a ano, ao longo das décadas de 1930 e 1940, aponta a permanência dessa característica do ingresso de estudantes na primeira série do ensino, não sendo observada uma progressão numérica relevante para as demais séries do ensino.

Os mapas de frequência escolar, além de terem sido fundamentais para identificar quais escolas eram municipais, estaduais ou subvencionadas, registram os nomes das docentes, o quantitativo de matrículas de meninos e meninas, e a distribuição destes por séries, classes e turnos. Todavia, o que os mapas não informam, mas as fotografias assinalam, é o perfil racial dos docentes e discentes.

Assim, as fontes iconográficas são recursos muito importantes para os estudos sobre a questão racial na historiografia da educação. Como destaca Raquel Abdala, "a fotografia 'ilumina' temas que, com a restrição da fonte escrita, não eram passíveis de serem pesquisados, e mais, não eram sequer percebidos" (Abdala, 2016, p. 264).

## População e perfil racial nas escolas primárias públicas

A presença de discentes e docentes negros em escolas públicas do município de Iguaçu deve ser cotejada com os debates da historiografia da educação sobre a questão racial.

A ausência de estudos sobre a participação dos negros na história da educação brasileira tem sido denunciada por pesquisadores do campo e, "atualmente, pode ser considerada uma situação em processo de superação" (Arantes; Gondra; Barros, 2022, p. 2). Pesquisas sobre diversas províncias abordam a presença de estudantes e docentes negros atuando nas instituições educativas e em ofícios letrados: "Estes trabalhos vêm apontando para uma participação, ainda que desigual, e geralmente tensa, de pessoas de origem negra no desenvolvimento da educação brasileira, especialmente a partir do século XIX" (Arantes; Gondra; Barros, 2022, p. 2).

Os balanços acerca da temática reconhecem que a questão racial esteve ausente da historiografia educacional brasileira até o final da década de 1990. Quando muito, a referência histórica ao acesso da população negra à educação no Brasil ocorria pelas menções generalizadas de legislações que interditavam a matrícula de escravizados nas escolas públicas. Assim, o tema era caracterizado pela interdição e por uma compreensão que limitava os distintos modos de existir da população negra à condição jurídica de escravizado ou à condição de uma população à margem dos direitos, no período republicano (Barros, 2018).

Mesmo após as mudanças de abordagem do tema nas últimas décadas, Marcus Vinícius Fonseca (2016) aponta que ainda são localizados silenciamentos ou afirmações que repercutem interpretações sobre a escravidão e sobre os negros que

> [...] os desconsideraram como sujeitos, sobretudo através da permanente negação de sua relação com os espaços escolares. A formulação mais vigorosa dessa reformulação encontra-se em uma ideia amplamente difundida pela historiografia educacional, a de que, no Brasil, até o século XIX, 'os negros não frequentaram escolas' (Fonseca, 2016, p. 24, grifo do autor).

A invisibilidade do negro no campo da História da Educação só seria revista a partir dos anos 1990 devido: a mudanças na historiografia sobre a escravidão que ampliaram a compreensão da experiência histórica do negro; a mudanças na ampliação de fontes e novas questões impostas pelos modos como a questão racial passou a disputar o debate público no país; e, ainda, pela ampliação do ingresso de pesquisadores negros na universidade (Barros, 2015, 2016, 2018).

Desde os anos 2000, a diversidade de pesquisas abarca diferentes periodizações e territórios do Brasil, atestando a consolidação de uma tendência na historiografia da educação, que é "[...] a incorporação da dimensão racial nas análises" (Barros, 2018, p. 7). A historicidade do debate sobre raça e cor no Brasil, assim como a pluralidade de nomenclaturas para os 'não brancos' que compareciam nas fontes, alargaram as temáticas de pesquisa.

Além da presença no espaço escolar público, outras experiências e a mobilização da população negra em prol da instrução foram dadas a conhecer pelas pesquisas. A participação de negros e negras no universo letrado, seja na literatura, na imprensa, no debate político ou em ofícios como o magistério (Silva, L., 2019), tem ocupado a historiografia da educação que atualmente não ignora a questão racial:

> Em relação ao século XX, campos como história da educação, política educacional, educação popular, entre outros, vêm concluindo que a ideia de uma escola apenas para brancos, abastados e urbanos é mais um mito de origem da escola pública brasileira do que algo ancorado em dados da realidade. Com essas mudanças na maneira de considerar a educação, e o próprio desenvolvimento do campo, a história da educação começou a comportar sujeitos negros (Barros, 2018, p. 6).

As fotografias corroboram a presença de estudantes e professoras negras em escolas públicas em território fluminense na década de 1930 e, assim, instam ao debate sobre as condições de acesso e permanência dessas populações nas escolas.

O perfil racial colhido nas fotografias também deve ser cotejado com a historiografia da ocupação populacional da Baixada Fluminense. Nielson Bezerra destaca a importância da presença de escravizados na formação social das freguesias da região, predominando sob o número da população livre, em Iguaçu, nos anos de 1779, 1821 e 1850 (Bezerra, 2008, p. 46). A partir dos dados do censo de 1872 nota-se a diversidade de ocupações em que estava inserida a população escravizada, entre ofícios urbanos e atividades rurais (Bezerra, 2008, p. 39). Além dos escravizados, pretos, pardos e caboclos formavam 40,2% da população livre (Bezerra, 2008, p. 47).

Carlos Costa (2020, p. 34) destaca a diminuição da população escrava em Iguaçu entre 1872 e 1883. Entre 1872 e 1890 houve uma queda demográfica no município de Iguaçu, mas permaneceu a predominância de pardos, pretos e amarelos sob a população branca, pois no recenseamento de 1890 "pretos e pardos passaram a equivaler a 63,3% do total de recenseados" (Costa, 2020, p. 36). Nesse sentido, os estudos de Nielson Bezerra (2012) e Carlos Costa sobre o perfil racial da população do território atestam a presença de pessoas negras e pardas — escravizadas e libertas — desde o século XVIII.

Carlos Costa analisa os dados censitários e registros civis de nascimentos e óbitos para acompanhar a presença de pretos, pardos e brancos na Baixada Fluminense no imediato pós-abolição, de 1890 a 1939. Carlos Costa demonstra a permanência no território de Iguaçu de ex-cativos e seus descendentes, e também de pretos e pardos que não viveram a experiência da escravidão:

> [...] nota-se claramente que a experiência do liberto e/ou de pretos e pardos que não vivenciaram a escravidão não foi a de movimentação em massa, nos anos seguintes, para os grandes centros. Pelo contrário, a partir da estratégia de formar famílias estendidas, estabilizaram-se nas regiões onde eram originários, com a possibilidade de ascenderem socialmente (Costa, 2020, p. 132).

Os dados do censo de 1940 sobre a população de Nova Iguaçu registram a continuidade da participação significativa de pretos e pardos na população:

Tabela 1 – População do município de Nova Iguaçu, por sexo e cor, 1940

|  | Homens | Mulheres | Total por cor |
|---|---|---|---|
| Brancos | 37.031 | 34.423 | 71.454 |
| Pretos | 19.566 | 18.609 | 38.175 |
| Pardos | 14.921 | 15.386 | 30.307 |
| Amarelos | 87 | 88 | 175 |
| De cor não declarada | 250 | 245 | 495 |
| Total por sexo | 71.855 | 68.751 | 140.606 |

Fonte: elaborado pela autora a partir de IBGE, 1951, p. 122

Ainda que não haja a intenção de utilizar os números de censos como dados precisos, são recursos que servem como balizas para dimensionar o contingente populacional da região e os usos do território.

Além da permanência da população de pretos e pardos, houve um grande afluxo de trabalhadores egressos do cativeiro da região do Vale do Paraíba (Costa, 2020).

Assim, cabe considerar, para pensarmos a demanda por escolas na região, que o crescimento populacional no município foi expressivo entre as décadas de 1920 e 1940. Em 1892, a população era de 24.226 habitantes; 33.396 pessoas em 1920; e 140.606 habitantes em 1940 (Forte, 1933; IBGE, 1948). A comparação com os dados populacionais por distrito, em 1940, permite dimensionar as transformações ocorridas nessas décadas no município:

Tabela 2 – População do município de Iguaçu, por distrito, 1940

| Nova Iguaçu | População |
|---|---|
| Nova Iguaçu | 34.680 |
| Belford Roxo | 7.434 |
| Bonfim | 1.232 |
| Cava | 3.048 |
| Caxias | 24.711 |
| Estrela | 3.617 |
| Meriti | 39.569 |
| Nilópolis | 22.341 |
| Queimados | 3.974 |
| Total | 140.606 |

Fonte: IBGE, 1948, p. 17

Entre 1920 e 1940 houve crescimento populacional em todos os distritos do município. O crescimento vertiginoso ocorreu pelo afluxo de trabalhadores, tanto do estado do Rio de Janeiro, das regiões próximas do Vale do Paraíba (Costa, 2011), quanto de nordestinos e estrangeiros. Em 1940, a população foi estimada em 140.606 habitantes, sendo 71.855 homens e 68.175 mulheres. Não houve perda territorial e a população passou de 33.396 habitantes para 140.606, isto é, quadruplicou. Os principais distritos que atestam o crescimento são Nova Iguaçu, devido à citricultura, Meriti, Nilópolis e Caxias, devido ao processo de loteamentos.

Maria Soares (1962) destaca o crescimento da população, entre 1920 e 1940, devido à "suburbanização" dos distritos limítrofes ao Distrito Federal, mas ressalta, também, o expressivo crescimento populacional nos distritos "essencialmente agrícolas", Nova Iguaçu, Cava, Queimados e Bonfim, que foi da ordem de 18.707 habitantes em 1920, para 43.167 em 1940. Esse aumento devia-se à citricultura, que atraiu pessoas principalmente para o distrito-sede, posto que para esse distrito afluíram 22.585 dos 24.467 habitantes a mais registrados pelo censo de 1940:

Tais números expressam bem o grande afluxo de pessoas para as lides agrícolas na região mais próxima da cidade [...]. Fracionamento intenso da terra, afluxo da população para a zona rural, laranjais que se multiplicavam cada vez mais, fortunas que surgiam rapidamente, ligadas, principalmente, ao beneficiamento e à exportação da laranja, tudo, enfim, representava riqueza para uns, prosperidade para outros, trabalho para muitos. Ano para ano, crescia, em grandes proporções, a área ocupada pelos laranjais (Soares, 1962, p. 55).

Ao analisar as migrações de pretos e pardos para Iguaçu entre 1890 e 1940, Carlos Costa (2020) escrutina dados sobre registros de nascimentos e óbitos, ofícios, casamentos, alfabetização e locais de moradia.

A racialização implicou oportunidades diferentes de mobilidade social. Para o ano de 1890, Carlos observou diferenças entre os ofícios praticados por pretos e pardos, em geral ocupados em trabalhos na lavoura, com maior presença de brancos nas atividades de jornaleiros, no comércio e no serviço público (Costa, 2020, p. 106). Entre as mulheres, as brancas trabalhavam menos no serviço da lavoura do que as demais (Costa, 2020, p. 106). Nas décadas seguintes houve um alargamento da participação de pessoas brancas, pretas e pardas em vários ofícios, "como artesanato, profissões liberais, transporte e serviço público" (Costa, 2020, p. 111). Contudo, ainda que pretos e pardos tenham conquistado oportunidades nos serviços de jornaleiros, em função das atividades da citricultura, os declarados brancos permaneceram ocupando as atividades dos comerciários, entre patrões e empregados (Costa, 2020, p. 111).

Entre os dados analisados, cabe destacar a relação entre cor e local de moradia. Houve impacto na valorização imobiliária da sede do município com "a chegada maciça de trabalhadores de diversas regiões do país e com a provável valorização tanto dos aluguéis quanto das propriedades, agora direcionadas para a produção de laranjas" (Costa, 2020, p. 125). Enquanto os declarados brancos conseguiram permanecer no distrito-sede, "parte significativa dos pardos retornou para o interior do município", já os registrados como pretos nunca haviam abandonado por completo as áreas rurais, o interior do munícipio:

Na década de 1930, é possível notar o resultado do crescimento das cidades ao entorno do centro de produção de laranjas. Em localidades como Miguel Couto, Brejo e Morro Agudo, os não brancos, apesar de uma pequena maioria, ocuparam o espaço de forma equilibrada em relação à quantidade de brancos, na região. **Isto é, quanto mais afastados dos centros, maior a possibilidade de se encontrar não brancos na região.** Nos municípios atualmente emancipados Belford Roxo e Duque de Caxias, os não brancos foram a grande maioria em relação aos brancos. Porém nenhum outro município parece ter atraído mais pretos do que Mesquita. Ali, em virtude da valorização das propriedades, e, possivelmente, por conta da proximidade ao centro, foi o local escolhido para residirem. Apesar de distante da sede, esse último grupo não estava tão afastado como os residentes em Caxias e Belford Roxo. **Ou seja, pretos e pardos não conseguiram se concentrar na sede, mas mantiveram-se espalhados na sua órbita.** (Costa, 2020, p. 125, grifos nossos).

A citação fomenta a reflexão sobre a localização das escolas públicas no município de Iguaçu, visto que havia mais escolas no distrito-sede. Assim, nota-se que em função do local de moradia mais distante do distrito-sede, havia maiores dificuldades para o ingresso das populações negras nas escolas, tanto pelo crescimento populacional quanto pela distribuição desigual das escolas no território. No entanto, Carlos Costa observa que não houve um processo de segregação espacial na sede ou no município (Costa, 2020, p. 129). Ainda que até 1939 "os brancos eram a maioria da região central da Baixada Fluminense, não há uma clara exclusão do espaço de convivência, pois ali pardos e pretos estiveram compondo em alguns momentos 40% da população" (Costa, 2020, p. 129). As fotografias corroboram essa afirmação, posto que a presença de negros e pardos é verificada em fotografias de todos os distritos de Iguaçu.

Ademais, os dados sobre o expressivo crescimento populacional devido à migração de trabalhadores para a região são fundamentais para relativizarmos os dados sobre o crescimento da oferta da instrução pública primária em Iguaçu, fosse pelo aumento do número de escolas ou de matrículas. Certamente, a criação de escolas municipais e estaduais não foi suficiente para acolher a população em idade escolar. Os dados sobre níveis de instrução registrados em 1940 reforçam esse cenário:

Tabela 3 – População de 5 anos e mais por sexo e instrução em Nova Iguaçu, 1940

|  | Homens | Mulheres | Total por grau de instrução |
|---|---|---|---|
| Sabem ler e escrever | 37.919 | 29.614 | 67.533 |
| Não sabem ler e escrever | 22.444 | 27.766 | 50.210 |
| Instrução não declarada | 724 | 780 | 1.504 |
| Total por sexo | 61.087 | 58.160 |  |

Fonte: elaborado pela autora a partir de IBGE, 1951, p. 155

Ainda que, em dados gerais, os números indiquem que havia mais pessoas que sabiam ler e escrever do que pessoas que não sabiam ou que não declararam a instrução, os dados apontam um contingente expressivo de pessoas sem reconhecida condição letrada. A observação dos dados de letramento por sexo e faixa etária desdobra alguns aspectos, como a maior proporção de alfabetizados a partir dos 10 anos:

Tabela 4 – Acesso de homens à instrução por faixa etária em Nova Iguaçu, 1940

| Homens | Sabem ler e escrever | Não sabem ler e escrever | Instrução não declarada |
|---|---|---|---|
| De 0 a 9 anos | 2.263 | 6.907 | 512 |
| De 10 a 19 anos | 10.069 | 4.654 | 95 |
| De 20 a 29 anos | 8.488 | 3.403 | 39 |

Fonte: elaborado pela autora a partir de IBGE, 1951, p. 122

Tabela 5 – Acesso de mulheres à instrução por faixa etária em Nova Iguaçu, 1940

| Mulheres | Sabem ler e escrever | Não sabem ler e escrever | Instrução não declarada |
|---|---|---|---|
| De 0 a 9 anos | 2.276 | 6.615 | 491 |
| De 10 a 19 anos | 9.861 | 4.686 | 116 |
| De 20 a 29 anos | 7.324 | 4.726 | 52 |

Fonte: Elaborado pela autora a partir de IBGE, 1951, p.122

O cenário em que há maioria de considerados alfabetizados se repete na faixa etária entre 7 e 14 anos, com menor disparidade na faixa etária entre 15 e 19 anos.

Tabela 6 – População e instrução de 7 a 19 anos em Iguaçu, 1940

| | De 7 a 14 anos | De 15 a 19 anos | Total |
|---|---|---|---|
| População de Homens | 14.015 | 6.480 | 20.495 |
| Homens que sabem ler e escrever | 7.355 | 4.673 | 12.028 |
| População de Mulheres | 13.674 | 6.501 | 20.175 |
| Mulheres que sabem ler e escrever | 7.187 | 4.631 | 11.818 |

Fonte: elaborado pela autora a partir de IBGE, 1951, p. 122-123

Os níveis acerca do "saber ler e escrever" apontam para diferentes formas de aprendizado do universo letrado e não indicam necessariamente acesso e permanência na escola regular, como pode ser verificado pelos índices de conclusão em níveis de ensino regular. Em 1940, os dados censitários apontam a inserção ainda mais reduzida da população iguaçuana, mesmo no ensino primário (grau elementar):

Tabela 7 – Pessoas de 10 anos e mais que possuem curso completo ou diploma de estudos, 1940

| | Homens | Mulheres | Total por grau de instrução |
|---|---|---|---|
| Grau elementar | 3.694 | 3.398 | 7.092 |
| Grau médio | 590 | 361 | 951 |
| Grau superior | 171 | 14 | 361 |
| Total por sexo | 4.544 | 3.886 | 8.430 |

Fonte: elaborado pela autora a partir de IBGE, 1951, p. 64

Confrontando com os dados apresentados, nota-se que, da população estimada em 140.606 habitantes no ano de 1940, 67.533 sabiam ler e escrever, 8.430 declaravam ter cursos completos, sendo que 7.092 declaravam ter concluído o ensino primário. Portanto, milhares de crianças e adultos não vivenciaram o ingresso e a permanência nos bancos escolares em Iguaçu.

Os dados do censo de 1940 e as anotações de docentes em mapas de frequência escolar informam sobre crianças que estavam sem ingresso nas escolas, por falta de matrículas suficientes. Curioso notar que, apesar dos registros de demandas de matrículas em escolas públicas, governos estaduais e municipais atuavam por meio da subvenção a iniciativas particulares, como atestam conjuntos de mapas de frequência e as fotografias a seguir.

Figura 24 – Fotografia Escola subvencionada Humildade e Caridade

Fonte: IHGNI, FDE, Aperj, notação 02631

Figura 25 – Fotografia Escola subvencionada de Itinga

Fonte: IPAHB, FDE, Aperj, notação 02669

Figura 26 – Fotografia curso infantil do Ginásio Leopoldo

Fonte: IHGNI

Figura 27 – Fotografia curso primário e admissão do Ginásio Leopoldo

Fonte: IHGNI

Figura 28 – Fotografia curso primário do Ginásio Leopoldo

Fonte: IHGNI

Figura 29 – Fotografia alunos do Ginásio Leopoldo

Fonte: IHGNI

Isso posto, a presença de discentes e docentes negros em escolas públicas e subvencionadas do município de Iguaçu atestada nas fotografias e as pesquisas sobre a história da população que ocupou e migrou para o território da Baixada Fluminense fomentam a temática da história da educação das populações negras, ao confirmar essa presença. Porém, cabe analisar as condições dessa experiência de ingresso na escola pública, pelo viés das tensões entre acesso e permanência, conclusão do nível de ensino, condições das instalações escolares e do exercício do magistério.

# Capítulo 2

# O ACESSO E A PERMANÊNCIA NAS ESCOLAS PÚBLICAS PRIMÁRIAS

O expressivo crescimento populacional ocorrido em Iguaçu na década de 1930 é notado nas fotografias das escolas estaduais, principalmente nas escolas localizadas nos distritos mais populosos, onde figuram muitas crianças. Há sequências de fotografias de uma mesma escola, devido ao quantitativo volumoso de estudantes e o funcionamento em mais de um turno.

Contudo, os números registrados nos mapas mensais de frequência demonstram que as inscrições de matrículas ao longo dos anos, em todas as escolas, eram concentradas na primeira série do ensino. As escolas apresentavam contingente de classes e turmas maior na primeira série, e não se observa uma progressão de matrículas correspondente, ano a ano, para as classes de segunda e terceira séries do ensino primário.

Os estudantes não são nomeados nos mapas de frequência escolar. Aparecem como números, divididos por sexo, idade e séries do ensino. Logo, não houve como verificar se as matrículas na primeira série, expressivas a cada ano, são de novas levas de estudantes ou se os mesmos estudantes eram mantidos na primeira série, a cada ano, por não serem avaliados como aptos a avançar nas séries do ensino.

Em 1932, o município contava somente com um grupo escolar, que, portanto, era a única escola pública que ofertava o curso primário completo de cinco séries do ensino. Mesmo no Grupo Escolar Rangel Pestana, a progressão de estudantes para as classes de 3º, 4º e 5º ano era reduzida, demonstrando que não havia regularidade na conclusão do curso primário para os inscritos na primeira série.

Assim, tanto em escolas municipais quanto em escolas estaduais, o expressivo número de estudantes matriculados nas classes de primeira série deve ser compreendido à luz dos dados acerca do crescimento populacional no município e, ainda, sobre os horizontes possíveis de experiência de escolarização daquelas populações, como pretendo discutir neste capítulo.

Nesse sentido, é preciso fazer, de modo historiográfico, o movimento pendular de "nem tanto ao mar, nem tanto à terra". Me refiro a lembrar que, até recentemente na historiografia da educação, mesmo para o período republicano, predominaram os mitos de que a escola pública brasileira foi elitista de modo que o ingresso de camadas populares só teria ocorrido na segunda metade do século XX. Tais afirmações revigoraram as narrativas da perspectiva da interdição e da exclusão da população negra da educação formal (Barros, 2018). Atualmente, as pesquisas demonstram o ingresso de classes populares nos bancos escolares desde o século XIX, incluindo parte da população negra. Contudo, na pesquisa em tela, a análise das condições de acesso e permanência dá notícias das desigualdades que marcaram o processo. Além da população em idade escolar que não era contemplada com o número necessário de escolas e matrículas, o exame dos quantitativos de estudantes presentes, por série do ensino, descortina os limites do acesso à educação formal.

**Fotografias de escolas estaduais e os instantes da seriação do ensino primário**

O Quadro 2 relaciona as escolas estaduais identificadas nas fotografias, a localização pelos distritos e localidades do município, a seriação do ensino e o registro do funcionamento em turnos no ano de 1932. Das vinte e oito escolas estaduais para as quais há fotografias, a análise dos mapas de frequência revela que oito escolas eram de 1º grau, ou seja, ofereciam a primeira e a segunda séries do ensino, e vinte escolas eram de 2º grau, oferecendo a primeira, segunda e terceira séries do ensino primário. Treze escolas funcionavam em um único turno e quinze escolas funcionavam em dois turnos no ano de 1932.

Quadro 2 – Localização, seriação e turnos de funcionamento de 28 escolas estaduais fotografadas, 1932

| Escola | Distrito | 1º grau | 2º grau | Um turno | Dois turnos |
|---|---|---|---|---|---|
| Escola Noturna feminina n. 1 | 1º distrito, Nova Iguaçu | | x | x | |
| Escola Noturna n. 2 | | x | | x | |
| Escola Mista n. 1 | | | x | x | |
| Escola Mista n. 2 | | | x | | x |
| Escola Mista n. 3 | | | x | | x |
| Escola Mista n. 5 | | | x | x | |
| Escola Mista n. 33 | | | x | | x |
| Escola Mista n. 34 | | x | | x | |
| Escola Mista n. 7 | 1º distrito, Austin | x | | x | |
| Escola Mista n. 8 | 1º distrito, Morro Agudo | | x | x | |
| Escola Mista n. 9 | 1º distrito, Mesquita | | x | x | |
| Escola feminina n. 10 | | | x | x | |
| Escola Mista n. 12 | 1º distrito, Queimados | x | | x | |
| Escola Mista n. 13 | 3º distrito, José Bulhões | x | | x | |
| Escola Mista n. 14 | 3º distrito, Retiro | x | | x | |
| Escola Mista n. 15 | 4º distrito, São João de Meriti | | x | | x |
| Escola Feminina n. 16 | | | x | | x |
| Escola Mista n. 31 | | | x | | x |
| Escola Mista n. 32 | | | x | | x |
| Escola Mista n. 17 | 4º distrito, Coqueiros | | x | | x |

| Escola | Distrito | 1º grau | 2º grau | Um turno | Dois turnos |
|---|---|---|---|---|---|
| Escola Masculina n. 18 | 4º distrito, Tomazinho | | x | | x |
| Escola Feminina n. 19 | | | x | | x |
| Escola Mista n. 21 | 4º distrito, São Mateus | | x | | x |
| Escola Mista n. 36 | | x | | x | |
| Escola mista n. 26 | 4º distrito, Vila Rosali | x | | | x |
| Escola Masculina n. 27 | 7º distrito, Nilópolis | | x | | x |
| Escola Feminina n. 28 | | | x | | x |
| Escola Mista n. 30 | | | x | | x |

Fonte: elaborado pela autora a partir da documentação FDE, Aperj, notações 02629 a 02764

As informações dos mapas de frequência foram fundamentais para o conhecimento sobre as escolas fotografadas, tanto as informações sobre o funcionamento das escolas no ano da captura da fotografia quanto para a análise da história da escola ao longo dos anos, e de forma comparada, entre a documentação das escolas.

Interessante notar que o preenchimento dos mapas era uma obrigatoriedade que chegava a ser relacionada com a suspensão do recebimento do pagamento das docentes, como advertia a orientação impressa nos mapas de 1931, ao lado do campo da assinatura do docente:

> Estes mapas serão organizados em triplicata, sendo uma via remetida diretamente à Diretoria de Instrução Pública, para a estatística escolar, outra à Inspetoria Regional, para servir de base à atestação do exercício, e a terceira arquivada na própria escola, onde a deverá visar no decorrer do mês a autoridade local de ensino. A remessa dos mesmos se efetuará dentro de três dias do encerramento do mês ou do período letivo, sofrendo o professor o desconto de tantos dias de vencimentos quantos os de atraso no cumprimento desse dever (FDE, Aperj, 02701, 6/1931).

Os mapas poderiam ser utilizados para avaliar a manutenção da escola na localidade em função das matrículas e da frequência. O documento orientava o procedimento de cálculo, em posição de destaque ao lado do cabeçalho: "Observações: Obtém-se a frequência média mensal dividindo a soma das frequências diárias pelo número de dias letivos" (FDE, Aperj, notação 02701, 6/1931).

Os mapas mensais subsidiavam os serviços de estatísticas que, no caso fluminense, foram perseguidos pelos diretores de instrução como estratégias de planejar e exibir a atuação do governo estadual em matéria de expansão do ensino público:

> Tanto as agências de Governo quanto os docentes, inspetores e funcionários que lidavam com esses mapas estavam vinculados a esse objetivo da escrita dos mapas. Dessa forma, o preenchimento também segue normas, tanto estabelecidas pelas informações definidas pelos campos a preencher quanto dos efeitos que se espera produzir ou ocultar com o fornecimento e análise das respostas. Dado que a matrícula e a frequência de alunos eram índices para avaliar a manutenção de uma escola e dos seus professores em certa localidade, deve-se presumir os interesses dos docentes e dos inspetores na oferta destas informações (Dias, 2013, p. 16).

Assim, embora produzidos como instrumentos de fiscalização, "parece fundamental tomar distância da finalidade desse tipo de fonte, impregnada por um esforço de produzir um efeito de verdade, ao dispor informações que pretendem mensurar e fiscalizar o desenvolvimento da rede escolar em todo o Estado" (Dias, 2013, p. 15).

O cruzamento das informações entre as legendas das fotografias e os mapas revela que algumas escolas estaduais eram organizadas de modo semelhante às escolas municipais, ou seja, funcionando em um turno sob a regência da mesma docente, como no caso da Escola mista n. 5.

Figura 30 – Fotografia Escola estadual n. 5

Fonte: IHGNI; FDE, Aperj, notação 02714

A documentação da Escola Mista n. 5 informa o funcionamento em um único turno entre 1929 e 1939 e, até 1946, como Escola Mista de 2º grau, ou seja, com a oferta da 1ª, 2ª e 3ª séries. A escola era localizada em área urbana do distrito-sede, e, contudo, seguiu as décadas de 1930 e 1940 sem ofertar o curso primário completo.

Entre maio de 1931 e abril de 1933, assinava o mapa como efetiva a professora Maria P. L. de Merocourt, deixando registrado que não tinha adjuntos e que a escola funcionava em um turno. Logo, ela atendia a todos estudantes, de séries diferentes, no mesmo horário. Maria volta a assinar os mapas entre março de 1935 e março de 1939. Em 1938, houve a convocação de Maria Palmerina L. de Merocourt para inspeção de saúde com vistas a aposentadoria (Professoras submetidas…, 1938, p. 4). Em maio de 1939, a catedrática interina diplomada Carlinda Marinho Mota anotou que "A baixa que houve na frequência desta escola foi motivada pela interrupção do ensino com a jubilação da ex-catedrática" (FDE, Aperj, notação 02714). São essas informações, a partir de nomes de docentes, cargos, turnos e séries que permitem ampliar o conhecimento sobre as escolas fotografadas e ensejam pesquisas para além do que foi capturado em 1932, mas numa periodização mais alargada, assim como a identificação de algumas docentes.

Ao longo da comparação entre as legendas das fotografias e a documentação sobre as escolas, algumas inconsistências surgiram. As duas fotografias a seguir apresentam o primeiro e o segundo turno da Escola Mista n. 8. Contudo, pela documentação, a escola só passou a funcionar em dois turnos em julho de 1933. Curioso notar nas fotografias que meninos e meninas foram separados em turnos, o que não é possível constatar na documentação de 1932. É necessário lembrar que escolas mistas não eram necessariamente escolas em que vigorava a coeducação (Almeida, 2007). Desde finais do século XIX, ainda que a adoção das escolas mistas tenha promovido arranjos econômicos menos dispendiosos para a criação de escolas e tenha favorecido o cotidiano de famílias ao levarem os filhos até um mesmo endereço escolar, na primeira metade do século XX seguiram sendo aguerridos os debates e as defesas de ensino separado por sexos, incluindo distinção de currículos (Munhoz, 2022, p. 154).

Durante todo o ano de 1932, a professora catedrática Maria Cândida Glória lecionou sem adjuntos, mantendo a escola aberta em único turno. A escola funcionou em dois turnos entre julho e dezembro de 1933. Nos anos seguintes, a escola funcionaria com mais de uma docente. Em função da análise dos mapas, é possível admitir que a docente que figura nas imagens seja a catedrática Maria Cândida Glória.

Figura 31 – Fotografia Escola estadual n. 8, primeiro turno

Fonte: IHGNI; FDE, Aperj, notação 02694

Figura 32 – Fotografia Escola estadual n. 8, segundo turno

Fonte: IHGNI; FDE, Aperj, notação 02694

  O recorrente no funcionamento das escolas estaduais foi a oferta das aulas em mais de um turno e com um quadro docente de adjuntas, supervisionado pela professora catedrática que assinava os mapas.

É o caso da Escola Mista de 2º grau de Nova Iguaçu n. 33, que registrou 115 alunos matriculados em 1929. Há mapas até 1933, onde se verifica a oferta das três primeiras classes do ensino primário. Em 1932 e 1933, a catedrática Maria Almada Pinheiro relatou o funcionamento da escola em dois turnos, contando com uma adjunta (FDE, Aperj, notação 02716).

Figura 33 – Fotografia Escola estadual n. 33

Fonte: IPAHB; FDE, Aperj, notação 02716

Embora haja lacunas de alguns anos, a comparação das séries anuais dos mapas de frequência de uma mesma escola indica as permanências e mudanças no fluxo de organização dos turnos, das séries e classes ao longo do tempo. Há uma relação entre o contingente de estudantes, a organização dos turnos e a lotação de docentes.

Por exemplo, em 1931 a Escola Mista de 1º grau n. 12 comportou cerca de 115 estudantes (FDE, Aperj, notação 02728). A escola funcionou em dois turnos, com uma professora catedrática e dois docentes interinos não diplomados.

No ano seguinte, a escola funcionou sob a regência da professora catedrática, em um turno e com número menor de estudantes: 63 matrículas em março de 1932 e 72 matrículas em julho (FDE, Aperj, notação 02728). De fato, esses dados de matrícula são bem maiores do que foi capturado na fotografia da escola:

Figura 34 – Fotografia Escola estadual n. 12

Fonte: IHGNI; FDE, Aperj, notação 02728

Assim, as fotografias registram instantes de uma situação de matrículas e lotações docentes que oscilava ao longo do tempo.

A documentação da Escola Mista de 1º grau n. 12 reitera parte de situações registradas em outras escolas. Vistas na longa duração, as informações dos mapas indicam aspectos que devem ser considerados na análise sobre as políticas de institucionalização da escola primária e as condições de acesso e permanência dos estudantes.

A escola estadual em Queimados foi mantida como escola primária de 1º grau até 1937, ou seja, com a oferta da primeira e da segunda séries do ensino (FDE, Aperj, notação 02728). As informações de funcionamento atestam o maior número de matrículas na primeira série desde 1929 até o ano de 1949, que é a data-limite da documentação. Mesmo em 1949, com o total de 105 estudantes e 3 professoras, o maior número de matrículas era na primeira série, com 58 estudantes, entre 32 meninos e 26 meninas, enquanto a quarta série registrava, em novembro, 5 meninos e 2 meninas matriculadas (FDE, Aperj, notação 02728).

Esse cenário de concentração de matrículas na primeira série predomina em 1932 na documentação das escolas fotografadas, e se repete ao longo das décadas de 1930 e 1940. Tal situação deixa entrever uma experiência de escolarização em que a conclusão do curso primário não estava estabelecida e, portanto, as perspectivas de mobilidade social que poderiam ser depositadas na escola pública eram reduzidas para a população escolar da Baixada Fluminense.

Naquelas décadas, o jornal *Correio da Lavoura*, publicado em Nova Iguaçu, fazia reportagens sobre a realização dos exames escolares de fim de ano das escolas primárias. Esses eventos eram noticiados como solenidades importantes, com bancas formadas por docentes de diferentes escolas públicas, com presença de autoridades locais e com uma programação que incluía apresentações cívicas, declamações, premiações, exposição de trabalhos artísticos. As solenidades conferiam importância às escolas e às aprovações dos estudantes. Eram momentos enaltecedores das docentes em função do desempenho dos estudantes: "As famílias, os representantes do poder público e da imprensa eram convidados a assistir a esses eventos, como as exposições públicas dos trabalhos escolares" (Dias, 2014b, p. 81). Contudo, ainda que a aprovação de estudantes fosse comemorada na imprensa, os números de matrículas retidos na 1ª série do ensino indicam que poucos estudantes alcançavam a progressão entre as séries do ensino.

Além disso, a permanência dos estudantes nas escolas era afetada por surtos de doenças, epidemias, pelo emprego das crianças em atividades de trabalho e pela falta de quantitativo suficiente de docentes e de infraestrutura das instalações escolares.

Na Escola Mista de 1º grau n. 12 as justificativas de queda de frequência registravam surtos de gripe (julho de 1938, julho de 1939, julho de 1942, outubro de 1943), "dor de olhos" (março e abril de 1938), catapora (julho de 1938), impaludismo (abril de 1938, julho de 1939, outubro de 1941, maio de 1944). Em agosto de 1945 a professora Maria Dias anotava: "A freqüência deste mês baixou consideravelmente devido ao estado sanitário estar apresentando moléstia endêmica" (FDE, Aperj, notação 02728).

Esses exemplos ocorridos na Escola Mista de 1º grau n. 12 são apenas algumas anotações que eram comuns na documentação das escolas primárias de Iguaçu, e atestam as dificuldades cotidianas, como acontecia em casos de chuvas, falta ou falha do serviço de trens, por meio do qual as docentes chegavam às escolas.

O emprego das crianças nas colheitas e nos ofícios de comercialização da laranja, principal produto da economia do distrito-sede de Iguaçu, era outro motivo na baixa da frequência escolar, na Escola Mista n. 12, pois "alunos saíram da escola para trabalhar na Cooperativa" (FDE, Aperj, notação 02728, 9/1939). Em outubro de 1944, a professora anotava: "Retiram-se da escola 13 alunos durante o mês, para trabalhar no serviço de exportação de laranja, isto é, na Cooperativa que se acha funcionando nas proximidades da escola". Entre os alunos eliminados, cinco tinham idade entre 8 e 11 anos e oito eram maiores de 11 anos. A cooperativa também empregou alunos em 1945 e 1947, e a frequência reduzida foi explicada "devido ao tempo chuvoso e ao desvio das crianças para a colheita das laranjas" (FDE, Aperj, notação 02728).

Portanto, o ingresso das crianças e jovens nas escolas era atravessado por impedimentos cotidianos desde as condições sanitárias da região até a mobilização das crianças para as atividades laborais. Escolas noturnas e escolas típicas rurais também registravam oscilações na frequência pela ocupação dos estudantes em ofícios nos quais o tempo do trabalho predominava sobre as oportunidades de escolarização (Dias, 2014, p. 284).

Ademais, a demanda por matrículas e a lotação de docentes constituíam vértices importantes do processo de institucionalização das escolas. Era comum que crianças estivessem matriculadas, mas que ainda não frequentassem as aulas por falta de docentes.

Por exemplo, na Escola Mista de 1º grau n. 12, em julho e agosto de 1939, "21 alunos não estão freqüentando por falta de adjunta" e a "irregularidade na freqüência" ocorria "porque a escola está desprovida de adjunta" (FDE, Aperj, notação 02728). Pelo mesmo motivo, em março de 1940, vinte alunos aguardavam para ter a matrícula efetivada na escola (FDE, Aperj, notação 02728). Em março de 1943, quarenta alunos não frequentavam "por falta de adjuntas" (FDE, Aperj, notação 02728).

As condições de infraestrutura dos prédios escolares repercutiam nas experiências de escolarização dessas populações. Na Escola Mista de 1º grau n. 12, a professora anotava em 1940 que o "Sr. Proprietário" havia "mandado concluir os reparos do prédio escolar" (FDE, Aperj, notação 02728). Ainda assim, no ano seguinte, as aulas não funcionaram em dois dias "porque desabou uma parte do telhado da sala de aula e o proprietário precisou de dois dias afim de fazer os necessários reparos" (FDE, Aperj, notação 02728, 11/1931). No começo letivo de 1946, "As aulas foram suspensas pelo snr. Técnico Escolar devido o desmoronamento de uma parte do prédio escolar e o restante ameaça perigo" (FDE, Aperj, notação 02728, 3/1946). E, em abril, as aulas não funcionaram por dez dias "por desabamento do prédio escolar", passando a escola a funcionar em novo endereço em maio de 1946, "devido antigo prédio estar em ruínas" (FDE, Aperj, notação 02728).

Curioso notar que a suspensão das aulas foi determinada pelo "técnico escolar" e que nos mapas da Escola Mista de 1º grau n. 12 era comum o registro das visitas dos inspetores do ensino na escola em diferentes anos: 1931, 1932, 1933, 1940, 1941, 1942, 1944, 1945 (FDE, Aperj, notação 02728).

Os exemplos aqui mencionados sobre a Escola Mista n. 12, ao longo dos anos, foram verificados em muitas outras escolas, ao longo do tempo coberto pela documentação do Aperj (1929-1949).

Desse modo, ainda que os mapas de frequência fossem parte da engrenagem de inspeção do governo estadual e um recurso de controle do funcionamento das escolas, o exame denso e comparado, mês a mês, ano a ano, das informações prestadas, ainda que previamente selecionadas pelos campos a preencher, descortina aspectos nada lineares ou controlados: "Enquanto documentos de preenchimento obrigatório, para controle dos docentes, os mapas de frequência também retornaram situações, explicações e demandas desses sujeitos, espelharam a insuficiência da ação estatal em atender a contento a todas as demandas" (Dias, 2013, p. 36). E o anseio pela escolarização, nem sempre atendido pelo poder público, também pode ser interrogado a partir dos conjuntos de fotografias das escolas dos distritos mais populosos de Iguaçu.

## Os distritos mais populosos e a organização de escolas mistas, masculinas e femininas

Há cinco fotografias da Escola Mista de 2º grau n. 15. Situada no populoso distrito de São João de Meriti, a instituição funcionou em dois turnos em 1932, com 298 estudantes matriculados em março, com três classes na primeira, e uma classe na segunda e terceira séries. Os estudantes eram atendidos por cinco docentes adjuntas. No ano seguinte, foram anotadas 404 matrículas, distribuídas novamente em três classes na primeira, e uma classe na segunda e terceira séries, predominando a demanda maior de matrículas na primeira série do ensino (FDE, Aperj, notação 02740).

Figura 35 – Fotografia Escola estadual n. 15

Fonte: IPAHB; FDE, Aperj, notação 02740

Figura 36 – Fotografia Escola estadual n. 15

Fonte: IPAHB; FDE, Aperj, notação 02740

ENTRE RETRATOS E REGISTROS: MAGISTÉRIO E ESCOLAS PÚBLICAS EM IGUAÇU (1932)

Figura 37 – Fotografia Escola estadual n. 15

Fonte: IPAHB; FDE, Aperj, notação 02740

Figura 38 – Fotografia Escola estadual n. 15

Fonte: IPAHB; FDE, Aperj, notação 02740

Figura 39 – Fotografia Escola estadual n. 15

Fonte: IPAHB; FDE, Aperj, notação 02740

A Escola Mista n. 17 também estava localizada no 4º distrito, funcionava em dois turnos tanto em 1932 quanto em 1933, com três classes na primeira série, duas classes na segunda e uma classe na terceira série. Em março de 1932, 180 alunos matriculados eram atendidos pela catedrática Elvira Gomes Santos, auxiliada por outras três professoras adjuntas, sendo duas efetivas e uma interina não diplomada (FDE, Aperj, notação 02652). A informação sobre o número de docentes e funcionamento em turnos é refletida nas duas fotografias da escola:

Figura 40 – Fotografia Escola estadual n. 17

Fonte: IPAHB; FDE, Aperj, notação 02652

Figura 41 – Fotografia Escola estadual n. 17, segundo turno

Fonte: IPAHB; FDE, Aperj, notação 02652

Como pode ser observado nas legendas das fotografias, não houve a indicação da numeração da escola estadual em Coqueiros. A identificação dos mapas e, consequentemente, a identificação do número da escola ocorreu pelo cruzamento de informações. Comparando as fotografias com as descrições dos mapas sobre organização dos turnos, número de docentes e alunos, foi possível identificar para quais mapas estavam quais fotografias. No Fundo Departamento de Educação existe uma notação para a Escola Mista Arruda Negreiros e outra notação para a Escola de Coqueiros Arruda Negreiros n. 17 (FDE, Aperj, notações 02653 e 02652).

A escola de Coqueiros foi fotografada duas vezes, uma foto do 1º turno e outra do 2º turno, informação que corresponde ao que foi anotado nos mapas de 1932 e de 1933. Entre março e novembro de 1933, a escola funcionou com uma professora regente e com três a quatro adjuntas. Na fotografia do 2º turno constam quatro docentes. A partir de 1937 a escola foi identificada com o n. 25 (FDE, Aperj, notação 02652).

As numerações que acompanham os nomes das escolas e as categorias da seriação (escolas de 1º ou 2º grau) sofrem alterações em alguns casos, ao longo dos anos. É o caso da Escola Mista n. 26 da Vila Rosali, também situada no 4º distrito. De 1931 a agosto de 1933 a escola foi identificada com o n. 26, assumiu o n. 33 de setembro de 1933 até 1935, e dali em diante assumiu o n. 24 até o ano de 1943 (FDE, Aperj, notação 02758). Como as escolas eram classificadas por numeração, e a numeração era atribuída a partir das escolas situadas na sede do município, acontecia que criação, fechamento ou emancipações municipais incidiam sobre a nomenclatura das escolas. Essas oscilações advertem, portanto, que as fotografias são apenas instantes do processo dinâmico de institucionalização das escolas primárias.

Figura 42 – Fotografia Escola estadual n. 26

Fonte: IPAHB; FDE, Aperj, notação 02758

As legendas das duas imagens a seguir, da Escola Masculina n. 18 e da Escola Feminina n. 19, situadas no território de Tomazinho, no 4º distrito, remetem à legislação do ensino primário de 1925, que mantinha a existência de escolas mistas, femininas e masculinas.

Pela legislação, as escolas das localidades que só possuíam uma escola pública eram mistas, enquanto as escolas de localidades com mais estabelecimentos dividiam-se entre masculinas, femininas e mistas. Em Iguaçu, ao contrário do que previa a legislação de 1925, observamos que escolas femininas e masculinas foram transformadas em mistas. Fica a interrogação se esse expediente buscava contornar a necessidade de criação de novas escolas, para atender à demanda de matrículas, reunindo, assim, meninos e meninas, expediente que foi usado, também, no século XIX, como foi mencionado no Capítulo 1.

No cabeçalho dos mapas de frequência era registrado quando as escolas deixavam de ser masculinas e femininas e passavam a ser mistas, sendo registrado também o número de matrículas de meninas e meninos. Por exemplo, em maio de 1933 a Escola n. 18 passou a ser mista, alcançando em novembro a matrícula de 147 meninos e 20 meninas (FDE, Aperj, notação 02757). Em julho de 1933 a Escola n. 19 passou a ser mista, com a matrícula de 3 meninos e 97 meninas (FDE, Aperj, notação 02755).

ENTRE RETRATOS E REGISTROS: MAGISTÉRIO E ESCOLAS PÚBLICAS EM IGUAÇU (1932)

Figura 43 – Fotografia Escola estadual n. 18

Fonte: IPAHB; FDE, Aperj, notação 02757

Figura 44 – Fotografia Escola estadual n. 19

Fonte: IPAHB; FDE, Aperj, notação 02755

A Escola Masculina n. 27 e a Escola Feminina n. 28 tornaram-se mistas em novembro de 1933 (FDE, Aperj, notação 02700; FDE, Aperj, notação 02701). Mas os dados de matrícula na documentação revelam que a divisão anterior continuou a predominar nas matrículas. Assim, em 1935, o mapa do mês de março da Escola Mista n. 27 registrou a matrícula de 88 meninos e 56 meninas. Do total de 144 estudantes, estavam na primeira série 52 meninos e 36 meninas (FDE, Aperj, notação 02700). No total das matrículas, 61% do alunado da Escola Mista n. 27 estavam na primeira série do ensino em 1935. Em novembro, 114 meninos e 87 meninas formavam o universo de 201 matrículas (FDE, Aperj, notação 02700). Na Escola Mista n. 28, em 1935, os registros reafirmam a concentração de matrículas na primeira série, com a predominância de matrículas de meninas, 175 meninas e 37 meninos matriculados (FDE, Aperj, notação 02701).

Figura 45 – Fotografia Escola estadual n. 27

Fonte: FMM; FDE, Aperj, notação 02700

Desse modo, a comparação da organização de estudantes por série do ensino primário entre os anos de 1932 e 1933 demonstra a concentração de matrículas na primeira série, sem ocorrer uma progressão "seriada" ao longo dos anos. Por exemplo, a Escola Feminina de 2º grau n. 28 funcionava em dois turnos com cinco docentes. Em março de 1932, com 192 matriculadas, 155 meninas estudavam na primeira série do ensino, enquanto 29 estavam na segunda série e 8 na terceira série (FDE, Aperj, notação 02701). Em março de 1933, as 184 estudantes estavam classificadas em 141 matrículas na primeira série, 30 matrículas na segunda série e 13 matrículas na terceira série (FDE, Aperj, notação 02701).

Registros de novas matrículas eram informados ao longo do ano no campo "Alunos matriculados durante o mês" e "Alunos analfabetos matriculados durante o mês". Havia também o campo destinado a "Alunos eliminados neste mês".

O exame desses campos nos mapas da Escola Feminina de 2º grau n. 28 acusa a inclusão e exclusão de matrículas ao longo do ano. Em abril de 1932, 14 matrículas foram incluídas, enquanto 6 foram encerradas. Em maio e junho houve 3 registros de inclusão e também de exclusão, o que pode significar que as alunas matriculadas não permaneceram na escola. Em agosto de 1932, houve registro de 4 matrículas novas, mas 14 estudantes foram "eliminados" (FDE, Aperj, notação 02701). Todas as novas matrículas e exclusões foram registradas na primeira série do ensino. Em agosto de 1933, 4 novas matrículas foram incluídas na primeira série, das quais 2 foram consideradas de pessoas analfabetas. Uma nova matrícula foi registrada na 2ª série. Contudo, do mesmo modo como visto em 1932, os mesmos números são informados respectivamente, no quadro de eliminados (FDE, Aperj, notação 02701). Mesmo em 1935, a escola permaneceu com o ingresso maior de meninas. No começo do ano escolar, em março de 1935, dos 212 estudantes, 175 eram meninas e 37 eram meninos (FDE, Aperj, notação 02701).

Assim, como foi verificado na análise dos mapas correspondentes, todas as escolas fotografadas tinham concentração anual de matrículas na primeira série do ensino, o que indicava uma realidade em todo o município, por anos, fossem as escolas de 1º ou 2º grau do ensino primário.

Outro dado muito específico para pensar o ingresso nas escolas públicas é a idade da população escolar. O formato dos mapas de 1935 se diferencia dos mapas de 1933 ao incluir campos específicos para registrar as idades dos estudantes por série do ensino: alunos menores de 8 anos, alunos de 8 a 11 anos e alunos maiores de 11 anos. Em estudo anterior indicamos como as mudanças de formato dos mapas de frequência indicavam as tentativas das agências do governo em produzir informações sobre as escolas e seus sujeitos, como recursos de controle (Dias, 2013).

No Quadro 3 é apresentado o cenário da Escola Mista n. 28 no ano de 1935 (antiga Escola Feminina n. 28). Com um universo de 212 estudantes, 82,54% de matrículas eram de meninas e 78,30% das matrículas estavam concentradas na primeira série do ensino:

Quadro 3 – Escola Mista n. 28, março de 1935

| Distribuição de matrículas por sexo, idade e seriação do ensino | | | | | | |
|---|---|---|---|---|---|---|
| | Primeira Série | | Segunda Série | | Terceira Série | |
| | F | M | F | M | F | M | Total por idade |
| Alunos menores de 8 anos | 13 | 7 | | | | | 20 |
| Alunos de 8 a 11 anos | 93 | 26 | 5 | | 1 | | 125 |
| Alunos maiores de 11 anos | 25 | 2 | 24 | 2 | 14 | | 67 |
| Total por série do ensino | 166 | | 31 | | 15 | | 212 estudantes |

Fonte: elaborado a partir da documentação FDE, Aperj, notação 02701

No Quadro 3, se verifica a presença maior de crianças na faixa de 8 a 11 anos (125 crianças), ou seja, pouco mais que a metade dos matriculados na escola, 67 estudantes maiores de 11 anos e apenas 20 menores de 8 anos.

Naquele início do ano letivo de 1935, do total de 212 matriculados, 78 foram matriculados na condição de analfabetos, sendo 29 meninos e 49 meninas. E 11 meninos e 104 meninas foram considerados "alunos repetentes", dos quais 9 meninas estavam na segunda série e o restante, 106 crianças, estavam na primeira série do ensino (FDE, Aperj, notação 02701, 3/1935). No mesmo mapa de março, consta que a auxiliar de inspeção Venina Corrêa, ao visitar a escola no dia 29, encontrou 26 meninos e 144 meninas, total de 170 presentes, o que corresponde à presença de 80% do alunado matriculado.

Em 1935 esse público escolar era atendido pela professora catedrática Hercília e por três adjuntas diplomadas. O trabalho de atendimento às sete classes existentes era dividido em três turnos. O primeiro turno era o matutino, que devia terminar antes das 12h. Neste funcionava a classe de terceira série da escola, sob regência da catedrática. O segundo turno era nomeado de "turno do meio-dia", que deveria começar antes das 12h, mas que terminava depois desse horário. Ali eram ofertadas duas classes da primeira série e duas classes da segunda série. E o turno vespertino estava destinado a começar depois do meio-dia e terminar "a qualquer hora da tarde" e funcionava com duas classes na primeira série (FDE, Aperj, notação 02701, 3/1935).

Esses registros detalhados sobre matrículas, idades, séries, classes e turnos, pinçados em um único mapa mensal, não são considerados aqui como expressão exata da realidade escolar. Mas a pesquisa das informações de fontes documentais seriadas, ainda que seja sempre necessário estar atento aos efeitos estatísticos e de regularidade sob os quais são regidas, aponta repetições, permanências e escalas que, cruzadas com outras fontes, ampliam o conhecimento sobre os modos de organização das escolas e, no principal objetivo deste livro, sobre as escolas fotografadas e sobre as experiências de escolarização acessadas ou interditadas à população da Baixada Fluminense.

Figura 46 – Fotografia Escola estadual n. 28

Fonte: FMM; FDE, APERJ, notação 02701

Uma permanência na análise comparativa dos mapas é o funcionamento da maioria das escolas estaduais em dois turnos e com professoras adjuntas. Em março de 1932, a escola n. 30, situada em Nilópolis, iniciava o ano com 174 estudantes, organizados em três classes na primeira série, duas classes na segunda série e uma classe na terceira série do ensino (FDE, Aperj, notação 02703). Apenas 2 meninos estavam matriculados na terceira série; 7 meninos e 10 meninas na segunda série; e 77 meninos e 58 meninas na primeira série. No ano seguinte, há o registro da permanência de matrículas na primeira série: dos 181 matriculados, 90 meninos e 67 meninas na primeira série, 9 meninos e 9 meninas na segunda série, 3 meninos e 3 meninas na terceira série (FDE, Aperj, notação 02703).

Figura 47 – Fotografia Escola estadual n. 30, primeiro turno

Fonte: FMM; FDE, Aperj, notação 02703

Figura 48 – Fotografia Escola estadual n. 30, segundo turno

Fonte: FMM; FDE, APERJ, notação 02703

A oscilação da composição do quadro docente de cada escola constituía um dos vértices do processo de escolarização. Na Escola Mista n. 36, a catedrática Iracema Ramos de Mesquita foi auxiliada em alguns períodos por adjuntas, entre 1931-1943, mas seu nome figura lecionando sozinha ao longo de todo o ano de 1932 (FDE, Aperj, notação 02639). Nesse sentido, é provável que seja Iracema a mulher que figura na fotografia da escola, acompanhada por estudantes.

Figura 49 – Fotografia Escola estadual n. 36

Fonte: IPAHB; FDE, Aperj, notação 02639

Em todo o conjunto de fotografias do ano de 1932, e por longo período na história do município, o ensino primário era predominantemente ofertado em escolas públicas municipais ou estaduais, com a oferta de 1º e 2º graus, embora, conforme verificado, em todos os casos as matrículas fossem expressivamente concentradas na primeira série do ensino. A única instituição que oferecia a seriação completa do ensino primário era o Grupo Escolar Rangel Pestana, para o qual há um conjunto de fotografias de classes por séries do ensino.

## O Grupo Escolar Rangel Pestana

O Grupo Escolar Rangel Pestana comportou dez docentes efetivos entre março e julho de 1932, e oito efetivos em agosto e novembro (FDE, Aperj, notação 02715).

Os nomes das docentes não são mencionados, apenas da diretora, Venina Corrêa, que assinava os mapas. Ao longo do ano, o Grupo funcionou em dois turnos, com três classes na primeira série, duas classes na segunda série, e uma classe na terceira, quarta e quinta séries. A título de exemplo, cabe mencionar que, em junho de 1932, 109 meninos e 110 meninas estavam matriculados nas classes de primeira série, 27 meninos e 28 meninas estavam matriculados nas classes de segunda série, 4 meninos e 8 meninas estavam matriculados nas classes de terceira série, 8 meninos e 16 meninas estavam matriculados nas classes de quarta série, e 1 menino e 5 meninas estavam cursando a quinta série do curso primário (FDE, Aperj, notação 02715).

Por fim, as fotografias das séries e cursos do Grupo Escolar Rangel Pestana refletem o maior número de matrículas nas primeiras séries do ensino, enquanto numa única fotografia são registrados os estudantes da 3ª, 4ª e 5ª séries. Essa desproporção entre matrículas por séries atesta que a permanência e a conclusão do ensino primário era uma realidade muito distante para a maioria das crianças. Ademais, demonstra que estudantes que concluíam a terceira série em outras escolas de 2º grau não necessariamente iam para o Grupo Escolar concluir os estudos na 4ª e 5ª séries.

ENTRE RETRATOS E REGISTROS: MAGISTÉRIO E ESCOLAS PÚBLICAS EM IGUAÇU (1932)

Figura 50 – Fotografia de turma da primeira série do Grupo Escolar Rangel Pestana

Fonte: IHGNI; FDE, Aperj, notação 02715

Figura 51 – Fotografia de turma da primeira série do Grupo Escolar Rangel Pestana

Fonte: IHGNI; FDE, Aperj, notação 02715

Figura 52 – Fotografia de turma da primeira série do Grupo Escolar Rangel Pestana

Fonte: IHGNI; FDE, Aperj, notação 02715

Figura 53 – Fotografia de turma da primeira série do Grupo Escolar Rangel Pestana

Fonte: IHGNI; FDE, Aperj, notação 02715

Figura 54 – Fotografia de turma da primeira série do Grupo Escolar Rangel Pestana

Fonte: IHGNI; FDE, Aperj, notação 02715

Figura 55 – Fotografia de turma da terceira, quarta e quinta séries do Grupo Escolar Rangel Pestana

Fonte: IHGNI; FDE, Aperj, notação 02715

Há também retratos e mapas de frequência das seções profissionais femininas anexas ao Grupo Escolar.

Figura 56 – Fotografia de seção profissional feminina do G. E. Rangel Pestana

Fonte: IHGNI; FDE, Aperj, notações 02749 e 02750

Figura 57 – Fotografia de seção profissional feminina do G. E. Rangel Pestana

Fonte: IHGNI; FDE, Aperj, notações 02749 e 02750

O Grupo Escolar de Nova Iguaçu era uma antiga reinvindicação da imprensa local que, desde 1923, defendia a criação de uma instituição "moderna", considerada como modelo para instrução pública. A criação do Grupo foi prevista na reforma da instrução pública fluminense em 1925, mas de fato só há registros de seu funcionamento a partir de 1930 (Dias, 2014a, p. 412). Em 1932, recebeu a denominação de Grupo Escolar Rangel Pestana (Dias, 2014a, p. 187). Somente em 1946, 1947 e 1948 é que outros grupos escolares foram criados em Mesquita, Belford Roxo e Nilópolis (Dias, 2014a, p. 192-193).

Como retomado neste estudo, a confrontação entre fotografias e outras fontes documentais, ainda que mostre a presença da população parda e negra nas escolas públicas primárias em Iguaçu, revela também que as condições de acesso e permanência dos estudantes estava longe da garantia da continuidade da escolarização, com indícios da retenção da experiência escolar na primeira série do ensino.

Diversos aspectos ameaçavam a manutenção das matrículas e havia exclusões por falta de matrículas suficientes, por questões sanitárias e pela necessidade de ocupação de crianças e adultos em postos de trabalho. Portanto, dentro da historiografia da educação das populações negras, os avanços trazidos por pesquisas que comprovam o ingresso de parte dessa população nas escolas brasileiras, como docentes e estudantes, desde o século XIX, ou, no caso em tela, no município de Iguaçu, na década de 1930, devem contextualizar os reduzidos horizontes de acesso e permanência, as condições insatisfatórias de funcionamento das escolas e as parcelas que não obtinham matrícula por falta de vagas.

Ainda que a expansão da escola primária fluminense fosse comemorada em relatórios de governo e diretores da instrução, ainda que houvesse a defesa da escola como destino da infância, os ritmos de atendimento e as condições de funcionamento não acompanhavam o entusiasmo dos discursos políticos.

O magistério constituía insumo fundamental da oferta de escolas públicas e a documentação informa diferentes estatutos profissionais. Havia docentes que passavam anos lotadas numa mesma escola, sozinhas ou acompanhadas de professoras adjuntas. Outras eram transferidas ou deixavam de comparecer. As trajetórias de algumas docentes descortinam parte do cenário em que a presença da docente era a materialidade da oferta da instrução pública e, como demonstrado pelas fotografias, da presença de professoras pardas e negras no magistério público, como será abordado a seguir.

# Capítulo 3

## LUGARES E TRAJETÓRIAS DE MAGISTÉRIO

Além do estudo sobre o processo de institucionalização das escolas e do perfil racial do alunado retratado, as fotografias têm imensa serventia na pesquisa sobre o magistério, a partir da trajetória de mulheres *negras* na Baixada Fluminense.

O estudo do magistério das escolas de Iguaçu também convoca à imersão na historiografia sobre mulheres, devido à predominância de professoras. Ademais, os estudos sobre a profissão atestam que o magistério não usufruía de um estatuto econômico elevado, ainda que fosse um cargo de importância social. Assim, gênero, raça e classe social devem ser considerados no estudo do magistério das escolas primárias de Iguaçu.

Após a atribuição da correspondência entre fotografias e dossiês de mapas de frequência escolar, foi realizado o mapeamento dos nomes das professoras lotadas nas escolas, por meio das assinaturas dos mapas e dos nomes informados nos quadros de adjuntos. Como já foi demonstrado nos capítulos anteriores, era comum a oscilação dos modos de organização das escolas, o que guardava relação também com as alterações na lotação de docentes nas escolas.

Assim, 15 casos de identificação entre fotografia e nome foram desdobrados em pesquisas sobre trajetórias no magistério público em escolas estaduais. Sete mulheres trabalharam em escolas do distrito-sede: Camila Leonídia Neto; Carmen Torres Maldonado; Celina de Rezende Silva Figueiredo; Hermínia de Aquino; Maria Paula de Azevedo; Nair Maciel Bastos; Venina Corrêa. Oito docentes atuaram em escolas de outros distritos de Iguaçu: Alcídia Isolina de Magalhães, Alzira dos Santos Soares, Ecilda Vieira, Iracema Cunha Sá Rego, Maria da Conceição Chaves Ribeiro, Marília de Lima Trindade, Silvia Martins Rosas, Zulmira Jesuína Netto.

A pesquisa pela busca do nome das docentes na Hemeroteca da Biblioteca Nacional permite resgatar momentos do percurso profissional, desde a convocação para o exame de admissão à Escola Normal de Niterói, como registros de transferências, licenças, gratificações por tempo de serviço e jubilamentos. A presença em bancas de exames escolares ou em eventos e atividades pertinentes ao ofício, participação em movimentos associativistas e, também, aspectos da vida pessoal como aniversários, casamentos, óbitos são momentos das trajetórias dados a conhecer pela investigação (Dias; Araujo, 2023).

A defesa de uma história das mulheres é um contraponto a uma historiografia excludente que se impôs majoritariamente masculina (Santos, 2019, p. 125). Os trabalhos acadêmicos de Alexandra Lima da Silva (2019), Janaina Damaceno (2013, 2014), Luara Silva (2019) e Jucimar Santos e Mayra Santos (2019) são exemplos da emergência da temática no campo da educação. A pesquisa sobre atuação de mulheres negras no magistério em Iguaçu nas décadas de 1920, 1930 e 1940 colabora para ampliação dos marcos temporais contemplados.

O estudo da escolarização de "mulheres trabalhadoras e de cor" precisa considerar que as mulheres negras foram relegadas a uma "posição social inferior à de outras mulheres" e de homens (Santos; Santos, 2019, p. 53). O debate pautado pelo "feminismo negro" tem repercussões nas pesquisas sobre história das mulheres, contribuindo para emergência do estudo sobre as mulheres negras no pós-abolição.

> Investigar trajetórias negras, e em especial de mulheres, nos permite problematizar os significados de ser mulher negra, intelectual, esposa, mãe, educadora, dentre outras funções, num contexto extremamente marcado pela atuação e protagonismo masculinos. **Imersas em estruturas sociais nas quais raça, gênero e classe social tinham grande potencial de se configurarem em elementos concretos de limitação às suas agências, essas experiências históricas nos contam sobre as possibilidades de reconfiguração desses limites.** Tudo isso em uma sociedade que oscilava entre os "silêncios da cor", o apagamento das mulheres negras e a racialização explícita da população negra em geral. (Silva, 2019, p. 44, grifos nossos).

No enfrentamento epistemológico sobre a condição histórica da mulher negra, o referencial teórico-metodológico da interseccionalidade (Collins; Bilge, 2021) ensina que raça, gênero e classe são eixos que devem ser cotejados de modo a suprir lacunas nos estudos em história da educação:

> **No Brasil, as discussões sobre mulheres estudando em espaços escolares ainda precisam de mais produção bibliográfica e, na mesma medida as condições em que estas atuaram como profissionais. No caso das mulheres negras a necessidade é maior, trata-se de uma maioria e em condições historicamente desvantajosas.** Ainda que as trabalhadoras existissem muito antes mesmo da industrialização e do capitalismo, no século XIX, passou-se a discutir a moralidade, as implicações e o controle sobre essas mulheres que transitavam no espaço público participando, sendo e modelando uma parcela importante do mundo do trabalho (Santos; Santos, 2019, p. 72, grifos nossos).

As pesquisas sobre "as agências negras no pós-abolição" evidenciam experiências que confrontam as narrativas de que após a emancipação a população negra teria sido vítima de um abandono que a deixou completamente excluída da sociedade. Luara Silva recupera como os estudos de Ana Lugão Rios e Hebe Mattos (2005) propuseram a revisão do paradigma da anomia e a problematização do pós-abolição como um problema histórico

> [...] que engloba as experiências, anseios, demandas por inclusão de todos aqueles que direta ou indiretamente estavam atrelados ao sistema escravista. Assim, esses sujeitos passam a ser encarados como agentes históricos donos de experiências que são fundamentais para a compreensão do que construiu a partir do dia 13 de maio. **Não se trata de negar as estruturas sociais e as hierarquias raciais decorrentes — construídas ao longo de mais de três séculos de escravização das pessoas negras. Mas, de discutir de que maneiras e por quais caminhos os sujeitos vivenciaram essas estruturas** (Silva, L., 2019, p. 38, grifos nossos).

Mesmo as fotografias em que não foi possível identificar o nome da docente substanciam a análise interseccional sobre gênero, raça e classe no exercício do magistério. Seja a observação do conjunto de fotografias das escolas municipais, seja no conjunto das escolas estaduais, o acervo fotográfico atesta a atuação profissional de docentes *negras* naquele território. E essa constatação em fotografias de 1932 precisa ser enfrentada à luz da historiografia sobre o tema.

Para a pesquisa sobre os nomes dos(as) docentes, tomamos como referência metodológica a tese de Angélica Borges que, utilizando o professor público primário Candido Pardal como bússola, examina o percurso de vida e de profissão em conexão com o território (2021).

O enfoque aqui proposto de trajetórias docentes não pretende um curso linear ou biográfico (Ginzburg, 1989; Bourdieu, 1996). É necessário ressaltar que ao longo do século XX as ciências humanas e sociais já se colocaram bastante céticas e alertas sobre a "ilusão biográfica". Bourdieu nos chama a atenção de que toda biografia é baseada na ilusão de que é possível delimitar uma vida, atribuir sentido, "explicar". Michael Heinrich, cientista político que foi professor na Universidade de Ciências Aplicadas de Berlim, no volume 1 da biografia que escreveu sobre Marx (Heinrich, 2018) deixa apontamentos teórico-metodológicos importantes. Ainda que seja impossível separar as pessoas das condições nas quais elas atuam, deve-se considerar que

> [...] nem suas ações nem seus pensamentos são completamente determinados pelas circunstâncias; algumas coisas se tornam possíveis, outras não; algumas ações são impulsionadas, outras só podem ser realizadas com a superação de grandes obstáculos. Mas as condições

que tornam possíveis nosso pensar e agir não são estáticas. Elas se alteram devido às ações humanas, sendo que novas possibilidades de ação surgem e possibilidades já existentes se alteram (Heinrich, 2018, p. 34).

A partir de dados esparsos coletados, apresento aspectos das carreiras docentes, com atenção no que revelam de possibilidades comuns de experiências de magistério e de enredos pautados em normas instituídas pelo governo fluminense. Desse modo, a análise de trajetórias pretende acessar "a trama social de maneira a descortinar aspectos mais amplos da sociedade" (Alves, 2019, p. 41).

Em perspectiva comparada, as trajetórias das docentes informam sobre criação e extinção de escolas, deslocamentos pelo território fluminense, normas e regimentos pelos quais as agências estatais buscavam ter o controle do funcionalismo, mas, também, normas e regimentos aos quais as docentes recorriam na busca por seus direitos.

É da posição de análise de "lugares de magistério", pela história de sujeitos no território, que se descortinam aspectos do "fazer-se magistério". As trajetórias descortinam como as docentes são atores do processo, compondo trajetórias, sociabilidades e experiências (Silva, 2018).

Dessa forma, ainda que os nomes tenham sido selecionados pela lotação das docentes em escolas de Iguaçu na década de 1930, a periodização da pesquisa é ampliada acompanhando o percurso das trajetórias de inserção no magistério público. Da mesma forma, da posição de análise inicial — interesse pela história do magistério de mulheres negras em escolas de Iguaçu — é o panorama de um magistério fluminense que emerge, porque é a política do governo estadual que incide sobre os deslocamentos das docentes pelas escolas do território (Dias; Araujo, 2023).

No Quadro 4 apresentamos os nomes das docentes identificadas nas fotografias, as escolas estaduais em que lecionavam em 1932, o período de formação na Escola Normal e o tempo constatado pela pesquisa de exercício do magistério em escolas de Iguaçu.

Quadro 4 – Professoras identificadas em fotografias de 1932

| Professora | Período ou ano de conclusão da Escola Normal | Escola fotografada em 1932 | Tempo de carreira | Permanência por anos em escolas de Iguaçu |
|---|---|---|---|---|
| Alcídia Isolina de Magalhães | 1922 | Escola Mista n. 21, 2º grau, 2 turnos | - | 18 |
| Alzira dos Santos Soares | 1916-1920 | Escola Feminina n. 16, 2º grau, 2 turnos | - | 20 |
| Camila Leonídia Netto | 1899-1903 | Escola Mista n. 9, 2º grau, 1 turno | 30 | 8 |
| Carmen Torres Maldonado | 1913 | Escola Mista n. 3, 2º grau, 2 turnos | 29 | 19 |
| Celina Rezende Silva de Figueiredo | 1907 | Escola Mista n. 1, 2º grau, 1 turno | 32 | 11 |
| Ecilda Vieira | 1926-1928 | Escola Mista n. 21, 2º grau, 2 turnos | - | 3 |
| Hermínia de Aquino | 1911-1915 | Escola Feminina n. 10, 2º grau, 1 turno | 30 | 17 |
| Iracema Cunha Sá Rego | 1906-1909 | Escola Mista n. 14, 1º grau, 1 turno | - | 22 |
| Maria da Conceição Chaves Ribeiro | 1915-1919 | Escola Mista n. 7, 1º grau, 1 turno | - | 8 |
| Maria Paula de Azevedo | 1908-1912 | Escola Mista n. 2, 2º grau, 2 turnos Escola Masculina Noturna n. 2 | 24 | 10 |
| Marília Rosa de Lima | 1920-1923 | Escola Mista n. 32, 2º grau, 2 turnos | 18 | 13 |
| Nair Maciel Bastos | [1919]-1922 | Escola Mista n. 34, 1º grau, 1 turno | - | 18 |
| Silvia Martins Rosas | 1920-1923 | Escola Mista n. 31, 2º grau, 2 turnos | 20 | 17 |
| Venina Corrêa | 1905-1908 | Grupo Escolar Rangel Pestana Escola Feminina Noturna | 34 | 25 |
| Zulmira Jesuína Netto | 1898-1901 | Escola Mista n. 13, 1º grau, 1 turno | 37 | 25 |

Fonte: elaborado pela autora

Todas as docentes identificadas nas fotografias eram habilitadas pela Escola Normal. Enquanto Carmen Torres e Alcídia Isolina estudaram na Escola Normal de Petrópolis e Celina Resende foi formada na Escola Normal de Campos, as outras doze professoras cursaram a Escola Normal de Niterói.

A formação prévia ao exercício da profissão é um eixo importante para a análise da conformação de um ofício como profissão (Nóvoa, 1991). Desde o século XIX, os debates sobre a formação prévia ou a formação em exercício do magistério público mobilizavam a criação das escolas normais, exigências em concursos de habilitação etc.

Ariadne Ecar (2011), em estudo sobre a Escola Normal de Niterói, analisa como a instituição foi manejada pelos interesses políticos dos governantes do estado do Rio de Janeiro durante o pós-abolição, em distintos movimentos de valorização da importância daquela instituição de formação prévia de docentes. Os esforços para educar os educadores eram minuciosos em definir valores e concepções que deveriam ser partilhados entre as estudantes (Kozlowsky, 2018).

Nas trajetórias investigadas foi constatado que a conclusão do curso na Escola Normal promovia o acesso ao cargo de magistério em escolas primárias públicas providas pelo governo fluminense. Desse modo, a Escola Normal de Niterói promovia a capilarização de professoras formadas para escolas das diferentes regiões do estado, o que, nos casos aqui estudados, mantinha as docentes na condição de "tropeiras da instrução" (Jara, 2017), aspecto de continuidade com as políticas de lotação de escolas vigentes desde o período imperial.

Nas seções a seguir, a partir dos resultados de pesquisa alcançados, apresento as trajetórias profissionais, ressaltando, a partir da posição de análise do "lugar de magistério", o que, epistemologicamente, as histórias individuais, em perspectiva comparada, ensinam sobre a história da profissão docente, quando um território é delimitado como posição de análise.

## De moradoras de Niterói a docentes em Iguaçu

Entre as docentes identificadas nas fotografias, Camila e Zulmira foram as alunas mais antigas, as "veteranas" da Escola Normal de Niterói. No acervo da Escola Normal, as pastas das duas estudantes reúnem dados da inscrição como candidatas ao exame de admissão e algumas provas realizadas como estudantes.

Quando foi capturada na fotografia da Escola Mista n. 9, a professora catedrática Camila Leonídia Neto já tinha 66 anos de idade e 32 anos de magistério (A professora obteve…, 1932, p. 6).

O pedido de inscrição para o exame de admissão de "Camilla Leonidia Netto" foi feito pela própria candidata em fevereiro de 1898, quando ela declarou ter 31 anos e ser filha adotiva de Manoel Jesuíno Netto. O pedido foi deferido em outubro (Camila Leonídia Neto, 1898a).

Na documentação apensada ao pedido de inscrição, consta a cópia legal da certidão do livro de batismo de pessoas nascidas livres da freguesia de São João Batista de Niterói (Camila Leonídia Neto, 1898b). Seu nascimento como "parda, livre" ocorreu naquela freguesia, em 11 de outubro de 1866, "filha natural de Leonidia". O batizado ocorreu em 12 de maio de 1867 na matriz São João Batista de Niterói, tendo como padrinhos "Joaquim e Apolinária". Interessante notar que, na cópia da certidão, a criança é nomeada somente como "Camilla". A ausência dos sobrenomes da mãe e dos padrinhos é indicada por pesquisadores como uma "herança direta da escravidão" (Carvalho, 2019, p. 235), ou seja, parte da diáspora e dos processos de negação dos laços de origem, família e parentesco das populações negras. Juridicamente, a expressão "filha natural" significa que a mãe de Camila não estava casada, o que naquela sociedade pode "ser o indicativo de uma significativa prévia desvantagem social", como observou Maria Carvalho para parte das normalistas que frequentaram a Escola Normal do Distrito Federal entre 1893 e 1898 e que foram declaradas como filhas naturais ou ilegítimas (Carvalho, 2019, p. 235). A pesquisadora também observou alunas registradas como filhas naturais que ingressaram com uma "idade tardia se considerada a média de entrada" (Carvalho, 2019, p. 235), o que também ocorre com Camila Leonídia.

O atestado médico de fevereiro de 1898 relatava que "Camilla Leonídia Netto", solteira e moradora na rua da Magnificência, na cidade de Niterói, ao ser examinada, não apresentava "moléstia ou defeito físico algum, incompatíveis com o exercício do magistério" (Camila Leonídia Neto, 1898c).

Assim, os dados do Arquivo da Escola Normal informam que Camila havia nascido parda e livre em Niterói, em 1866, sem pais casados ("filha natural") e que, ao se inscrever aos 31 anos para a Escola Normal, residia próximo à Praia das Flechas, nas proximidades do local de funcionamento da Escola Normal. A idade de Camila era avançada se comparada à idade de inscrição de outras candidatas, o que seguramente guarda relação com as diferenças de percurso para as mulheres negras, antes e no pós-abolição. Outro aspecto curioso é que o nome do pai adotivo de Camila é o mesmo do homem que, em 1897, fez a inscrição de Zulmira Jesuína Netto. O nome completo da normalista, portanto, carrega a referência à mãe, Leonídia, e ao sobrenome do pai "adotivo".

Na pasta sobre Camila foram preservadas: uma prova prática de trabalhos de agulha realizada em janeiro de 1901 (Figura 59); uma prova de economia de janeiro de 1901; uma prova de Pedagogia de janeiro de 1902; uma prova escrita de História do Brasil de dezembro de 1902. Os exames de admissão e a rotina de avaliações da Escola Normal de Niterói eram alvos constantes de debates acerca dos projetos de formação de professores para as escolas primárias (Ecar, 2014, 2019; Ecar; Uekane, 2012). As provas possuem anotações dos avaliadores, marcas de correção, como trechos sublinhados e notas sobre exames orais.

O percurso de Camila na Escola Normal é informado pelas notícias acerca da chamada para exames e publicações de resultados de provas. Não localizei o nome de Camila ao longo do ano de 1899, mas em janeiro de 1900 ela realizava prova escrita de Geografia Geral do 1º ano (Escola Normal, 1900, p. 1) e em dezembro fazia provas de Caligrafia e Desenho do 2º ano (Escola Normal, 1900, p. 2).

Figura 58 – Fotografia Escola estadual n. 9

Fonte: FMM; FDE, Aperj, notação 02673. Professora catedrática Camila Leonidia Netto

Figura 59 – Prova prática de Trabalhos de Agulha e Economia Doméstica, 1901

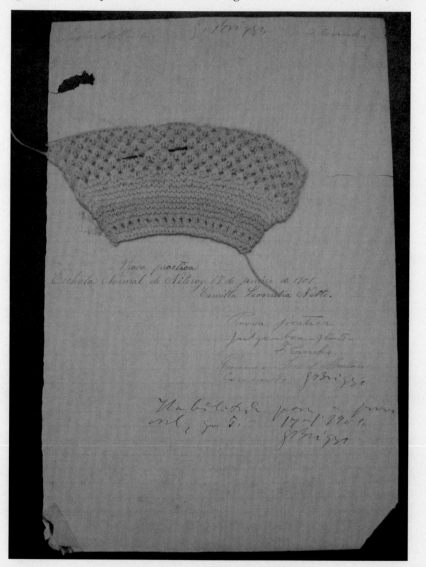

Fonte: Camila Leonídia Neto, 1901

Dias após a realização da prova prática de Trabalhos de Agulha e Economia Doméstica do segundo ano, Camila realizou a prova oral no dia 21 de janeiro, onde alcançou o "aprovada plenamente" com grau 5 (Escola Normal, 1901a, p. 2). Em março do ano seguinte prestou exames de segunda época do 2º ano (Escola Normal, 1901b, p. 2) e em dezembro realizou os exames de Geometria do 3º ano (Escola Normal, 1901, p. 1). Em janeiro (Escola Normal, 1902a, p. 1) e fevereiro de 1902 (Escola Normal, 1902b, p. 1) continuou prestando exames do 3º ano (Diretoria de Instrução, 1902, p. 1).

O requerimento de Camila para realizar um novo exame de Física do 3º ano, em fevereiro de 1902, figurava numa listagem de outros pedidos de alunas da Escola Normal que requisitavam refazer exames de diferentes matérias, o que acena para a ocorrência de reprovações (Diretoria de Instrução, 1902, p. 1). Em novembro de 1902 Camila era aluna do 4º ano (Escola Normal de Niterói, 1902, p. 2).

Em 30 de janeiro de 1903 realizou os últimos exames de História Natural e Higiene do 4º ano do curso, e, devido à aprovação, seu nome era mencionado junto a outros nomes de dezesseis mulheres e um homem com o seguinte veredito da imprensa: "todos esses alunos terminaram ontem o curso, estando aptos para a nobre missão do professorado público" (Escola Normal de Niterói, 1903a, p. 2).

A "brilhante e solene" cerimônia de distribuição de diplomas aconteceu em junho, na Escola Normal, sob a condução de Quintino Bocaiúva, presidente do estado do Rio de Janeiro. Todos os dezessete formandos foram chamados a receber o diploma e fazer o juramento: "Prometo sobre palavra de honra exercer o magistério primário com perseverança e retidão" (Escola Normal de Niterói, 1903, p. 3).

Ataliba Lepage, diretor da Escola Normal, foi o paraninfo, e em seu discurso "mostrou aos jovens professores todo o acúmulo de condições que requer o exercício da nobre profissão que vão empreender, apreciando devidamente a importância da carreira do magistério" (Escola Normal de Niterói, 1903, p. 3). O presidente do estado também discursou no encerramento, e a cerimônia foi acompanhada por uma banda do exército, por representantes da imprensa "federal e local". Ademais, "foi extraordinário o número de famílias e cavalheiros ilustres que compareceram ao ato" (Escola Normal de Niterói, 1903, p. 3).

Curioso notar que a reportagem publicada é bastante empática com a cerimônia de formatura, mas se encerra registrando que o diretor da escola precisou pedir emprestado na vizinhança da escola arandelas e lâmpadas e ainda precisou comprar muitas velas, "para evitar vergonhosa decepção", posto que o sistema de gás não funcionou (Escola Normal de Niterói, 1903, p. 3). A reportagem se encerra com a frase: "Algumas pessoas presentes atribuíam o fato a atrasos do governo com a Companhia do gás" (Escola Normal de Niterói, 1903, p. 3). O relato parece anedótico e sem importância para o foco desta pesquisa. Mas cabe ressaltar que o ocorrido é emblemático das distâncias entre os discursos das autoridades políticas sobre a importância do magistério e as iniciativas práticas, principalmente materiais e financeiras, de fornecer as condições para o exercício da profissão, a infraestrutura de escolas etc.

Seguindo a metodologia do fio do nome, são notícias eventuais da trajetória de Camila que remetem aos aspectos das políticas de formação do magistério público fluminense. Um ano após a formatura, Camila foi lotada no município de Iguaçu: "Camilla Leonidia Netto, tendo sido nomeada professora da escola mista da Piedade, município de Iguaçu, e não podendo, como desejava, pessoalmente despedir-se de suas amigas e conhecidas, o faz por este meio" (Despedida, 1904, p. 3). Já em Iguaçu, Camila requisitará seu pagamento na coletoria, em função do magistério exercido na Escola Mista n. 6 do município (Diretoria das Finanças, 1904, p. 1). Em 1906, a seu pedido, Camila foi transferida da Escola Mista n. 6, de Piedade, para uma escola em Anchieta, no mesmo município de Iguaçu (O Fluminense, 1906, p. 1).

Os proclamas do casamento de Camila com Rufino Bittencourt foram anunciados em janeiro de 1910 (Vida Religiosa, 1910, p. 4). Em maio de 1911 estava lotada em escola de Vassouras, outra região do estado, e requisitava o pagamento do que era devido como professora em Iguaçu (Diretoria das Finanças, 1911, p. 7). Em julho era autorizada a expedição do pagamento "dos vencimentos que deixou de receber em Iguaçu" (Requerimentos Despachados, 1911, p. 5). Um expediente da Inspetoria da Fazenda determinava que o Coletor de Vassouras pagasse a D. Camila Leonídia os vencimentos de 1 a 12 de março, como professora em Iguaçu (Inspetoria da Fazenda, 1911, p. 8).

Entre 1911 e 1925 há registros de que a professora Camila lecionava na única escola feminina da Vila de Santa Teresa (Pelo Interior, 1915, p. 2; Caixas Escolares, 1918, p. 1; Caixas Escolares, 1923, p. 7; Superintendência Geral, 1919, p. 6). A Vila de Santa Teresa foi um município criado em 1890, pertencente à Comarca de Valença, distante 170 km do então Distrito Federal (Rio de Janeiro). Fazia limites com Valença, Paraíba do Sul e com o estado de Minas Gerais. Em 1924, o distrito-sede, Santa Teresa, possuía 800 habitantes, 20 ruas e três praças iluminadas (Almanak Administrativo, 1924, p. 5182). O município contava com uma escola pública masculina, uma escola pública feminina e o Colégio Vilares, que era particular (Almanak Administrativo, 1924, p. 5183). Também há registros de que o marido de Camila, Rufino Bittencourt, estava em Santa Teresa em 1918 (Estado do Rio, 1918, p. 5).

Não localizei os expedientes que levaram Camila de volta a lecionar em Iguaçu, mas ela assina os mapas de frequência escolar da Escola Mista n. 9 a partir de 1929 (FDE, Aperj, notação 02673). A professora Camila esteve entre as visitas recebidas pelo presidente do Estado, após este ter ficado afastado por motivo de saúde em 1929 (Presidente Manoel Duarte, 1929, p. 6). Foi mencionada na imprensa em 1931 como professora da escola masculina de Jerônimo de Mesquita, em Iguaçu (De Niterói, 1931, p. 7), e em 1934 foi convocada para inspeção de saúde na sede da Diretoria de Saúde Pública (Notícias de Niterói, 1934, p. 5). A partir de então, não localizei informações sobre Camila na imprensa fluminense, mas é provável que a inspeção de saúde tenha ocorrido como expediente para a aposentadoria pelo tempo de serviço no magistério, como será visto em outros casos apresentados a seguir.

Além dos pedidos de pagamento, há registros na imprensa de expedientes sobre inspeção de saúde e licenças concedidas à professora pública Camila. Duas gratificações concedidas por tempo de magistério chamam a atenção para diferenças na contagem dos tempos de serviço, o que denota as mudanças nas normas ao longo dos governos fluminenses.

Assim, em função de um decreto de janeiro de 1924, Camila fazia jus ao valor de vencimentos atribuído aos professores de 1ª classe a partir de 16 de junho daquele ano, dia imediato ao em que havia completado vinte anos de "efetividade de magistério no Estado" (Estado do Rio, 1925, p. 6). De fato, ela havia iniciado o magistério em 1904, em Iguaçu, no ano seguinte à sua formatura. Em 1912, haviam sido contabilizados 8 anos e 6 dias de magistério para a professora (Inspetoria de Instrução Pública, 1913, p. 4). Mas, em 1932, era reconhecido o direito a uma gratificação por ter completado trinta anos de magistério em 17 de dezembro de 1930 (A professora obteve…, 1932, p. 6). Assim, nessa última contagem, parece que foram computados os anos do curso do magistério na Escola Normal de Niterói.

Foi a partir da documentação do Aperj que o nome de Camila foi colhido assinando os mapas de frequência da Escola Mista de 2º grau de Jeronymo Mesquita (FDP, Aperj, notação 02673) nos anos de 1929, 1931, 1932, 1933 e 1935 (não há mapas dos anos de 1930 e 1934). Os registros de frequência do ano de 1932, ano atribuído à fotografia, convergem com o que é retratado.

Camila lecionou sozinha durante todo o ano. Registrou a matrícula em março de 48 alunos e findou o ano com 56, sendo: 35 meninos e 14 meninas na primeira série, 3 meninas na segunda série e 4 meninos na terceira série. Em outubro de 1932, o inspetor registrou que encontrou, na visita à escola, 18 meninos e 5 meninas, ou seja, 23, metade dos 56 matriculados registrados, o que é um registro mais próximo do total de 9 meninas e 18 meninos que compareceram no dia da fotografia.

Por entre retratos e registros, aspectos da trajetória profissional da Camila emergem. Sua condição racializada esteve inscrita na certidão de batismo e é atestada na fotografia. O nascimento e a moradia na Freguesia de Niterói podem ter sido favoráveis para a escolha pela formação na Escola Normal de Niterói. Mas a atuação profissional colocou Camila em deslocamentos para outras regiões do estado fluminense, como também aconteceu com as outras professoras desta pesquisa. Ainda que tenha sido inicialmente lotada em Iguaçu em 1904, atuou em Vassouras e em Santa Teresa (atual município de Rio das Flores) durante a década de 1910, tendo retornado a Iguaçu no final dos anos 1920. Exerceu mais de 30 anos de magistério público.

Maria Lígia Carvalho, em pesquisa sobre 24 professoras formadas na Escola Normal do Distrito Federal entre 1893 e 1898, destaca que parte significativa das alunas ingressaram nos quadros do magistério público municipal, posto que, de 24 mulheres, 42% se tornaram professoras públicas (Carvalho, 2019, 238). Cabe avaliar a importância da Escola Normal, fosse a da capital da República ou da capital do estado (Niterói) para o acesso de mulheres à carreira do serviço público, em especial mulheres negras como Camila, de modo que:

> Para aquelas que não tiveram a fortuna de serem reconhecidas como filhas legítimas ou conhecerem seus pais, para o grupo de filhas naturais e ilegítimas ou daquelas cujas mães não

> possuíam sobrenome é possível que ao sentido de conquista do espaço público, vivenciado por todas essas professoras normalistas em maior ou menor grau, tenha se somado um outro: tornar-se professora e não qualquer professora, professora pública, significou se afastar do mundo do trabalho braçal, significou passar a integrar a burocracia estatal, ser protegida como outros tantos trabalhadores não o eram, com direitos a férias, licenças, aumentos progressivos e uma eventual velhice amparada pela aposentadoria e, não menos importante, significou ser realocado em outro espaço social, passando a ser uma 'distinta professora' (Carvalho, 2019, p. 238).

No caso de Camila, a formação na Escola Normal de Niterói garantiu o ingresso no magistério público estadual, e as trajetórias individuais das docentes aqui investigadas, numa perspectiva comparada, demonstram a política do governo de lotar escolas de diferentes regiões do estado com professoras formadas para o ofício.

Do mesmo modo, "Zulmira Jesuína Netto", que figura na imagem a seguir, foi "professora efetiva" da Escola mista rural de 1º grau de José Bulhões n. 13, entre 1929 e 1939. A escola funcionava em um turno, no terceiro distrito de Iguaçu. No acervo da Escola Normal consta uma pasta com sua inscrição para "exame de admissão" em fevereiro de 1897. O pedido foi realizado por Manoel Jesuíno Netto, que declarava ser pai da candidata. Zulmira havia completado 15 anos, tendo nascido na capital federal, sendo "filha natural" de Anacleta Maria da Silva (Zulmira Jesuína Neto, 1897a). A cópia da certidão do batismo informava o nascimento em 30 de julho de 1881, tendo ocorrido o batizado na freguesia de Santo Antônio (Zulmira Jesuína Neto, 1897b).

Figura 60 – Fotografia Escola estadual n. 13

Fonte: IHGNI; FDE, Aperj, notação 02677. Professora catedrática Zulmira Jesuína Neto

Em 1895 Zulmira cursava o 4º ano do ensino primário da terceira escola pública de Niterói (Exames Escolares, 1895, p. 1). Ou seja, foi aluna de escola pública em Niterói e dois anos depois prestou os exames de admissão para a Escola Normal, que cursou entre 1898 (1º ano), 1899 (2º ano), 1900 (3º ano), 1901 (4º ano).

Em setembro de 1901, a escola de Arraial do Cabo, em Cabo Frio, era transferida para São Gonçalo, região vizinha a Niterói, e Zulmira era nomeada como professora efetiva da escola. Já em 1904 a professora era removida, a pedido dela própria, da escola de Santa Rita do Rio Negro, em Cantagalo, para a Escola Masculina de Campo Belo, em Rezende (Fatos e Notas, 1904, p. 1). Assim como Camila, o exercício no magistério público foi imediato após a conclusão da Escola Normal de Niterói, e com a lotação em diversas regiões do estado fluminense.

Em 1911, sua atuação na Escola Feminina n. 2 de Barra de São João foi comentada com louvor na imprensa, por ocasião da realização dos exames finais: "foi mui grande o contentamento em verse em tão pouco tempo da posse da distinta professora nesta escola o elevado adiantamento das alunas, que respondiam com lúcida proficiência as perguntas, que lhes eram arguidas" (Barra de S. João, 1911, p. 9). Por fim, a notícia encerrava com o comentário elogioso de que "o povo desta cidade acha-se orgulhoso em ter em seu seio uma tão digna preceptora; que não lhe faleça os esforços para aplicar as suas alunas os misteres que são adequados ao seu elevado cargo" (Barra de S. João, 1911, p. 9).

No ano seguinte, no quadro de antiguidade do magistério público de dezembro de 1912, Zulmira contabilizava 10 anos, 2 meses e 24 dias (Inspetoria de Instrução Pública, 1913, p. 4). Em 1913 estava lotada numa escola mista em São João da Barra (Inspetoria de Instrução Pública, 1913, p. 4). Em 1914, seu nome foi vinculado à Escola pública mista de Tinguá, no município de Iguaçu (Quadro Geral das Escolas Públicas Elementares, 1914, p. 6).

A publicação dos quadros da distribuição dos professores pelas escolas públicas do Estado atendia ao decreto n. 1.261, de 9 de março de 1911 (Quadro Geral das Escolas Públicas Elementares, 1914, p. 6). Em 1914, segundo o quadro apresentado, Iguaçu tinha três escolas no distrito-sede, uma escola mista em Morro Agudo, Belford Roxo e Jerônimo Mesquita, uma escola masculina e outra feminina, em Queimados, uma escola mista em Cava, sem professor, duas escolas mistas na Pavuna, uma em Anchieta, uma no Pilar e uma em Tinguá, totalizando 14 escolas públicas estaduais (Quadro Geral das Escolas Públicas Elementares, 1914, p. 6).

Em 1916, Zulmira solicitava a expedição dos diplomas de alunos da Escola Mista de Cava que haviam concluído a terceira série (Secretaria Geral do Estado, 1916, p. 7). É provável que ela tenha solicitado transferência da escola de Tinguá para a escola de Cava, que estava vaga, mais próxima do distrito-sede de Iguaçu. Trata-se da mesma escola da fotografia. Desse modo, temos registros de que, pelo menos desde 1916 (Secretaria Geral do Estado, 1916, p. 7), até março de 1939 (FDP, Aperj, notação 02677), ela permaneceu lecionando na mesma localidade, na Escola mista rural de 1º grau de José Bulhões, sem adjuntos (FDP, Aperj, notação 02677).

Em 1934 o governo concedia a Zulmira, aos 53 anos de idade, gratificação obtida por ter completado trinta anos de serviço no magistério em 16 de outubro de 1932 (Notícias de Niterói, 1934, p. 15). Foi chamada para inspeção de saúde com vistas à aposentadoria em 1938 (Professoras submetidas..., 1938, p. 4).

Na documentação do Aperj, permaneceu professora na Escola de José Bulhões até março de 1939 (FDP, Aperj, notação 02677), momento a partir do qual outra docente catedrática passou a responder pelos mapas de frequência da escola.

Assim, há registros da lotação de Zulmira Jesuíno Neto em Iguaçu desde 1914, tendo permanecido 23 anos lecionando na mesma escola, em Cava. Camila Leonídio Neto foi lotada em Iguaçu em 1904, permaneceu lotada em outra região e voltou em fins da década de 1920. Ambas docentes, formadas pela Escola Normal de Niterói, receberam gratificações pelo magistério por 30 anos de exercício da profissão, o que informa carreiras longas em escolas primárias públicas entre as décadas de 1910 e 1930.

## Lotações a pedido

Pelos recorrentes registros da data de seu aniversário na imprensa, Maria da Conceição Chaves Ribeiro devia ter certa notoriedade na sociedade local de Niterói. Em 1915 seu aniversário era noticiado e ela era apresentada como "filha do sr José Cardoso Ribeiro" (Notas Sociais, 1915, p. 2). Até 1939 foram publicados, a cada ano, registros da passagem do aniversário da "senhorita" Maria da Conceição Chaves Ribeiro, em periódicos como a *Revista da Semana* e o jornal *O Fluminense*.

Em 1915, Maria da Conceição estava inscrita entre candidatos do exame de admissão para a Escola Normal de Niterói (Exame de Admissão, 1915, p. 8). As instruções para o exame de admissão foram publicadas no mesmo jornal, junto da listagem nominal dos 1.033 candidatos, de ampla maioria feminina. Para os exames para matrícula em 1915, a comissão examinadora estava formada em seis mesas de três membros cada uma. Ou seja, os candidatos estavam divididos em seis turmas, cada qual subordinada a uma mesa examinadora (Edital, 1915, p. 8). O exame previa realização de prova escrita eliminatória de Português e de Aritmética, e prova oral de Português, Matemática e Geografia Física. O prazo para realização da prova escrita era de até duas horas e a prova oral de até dez minutos.

Considerando a inscrição de 1.033 candidatos em 1915, é importante ressaltar como a publicação das "Instruções para os exames de admissão de novos alunos à matrícula no primeiro ano da Escola Normal" sinaliza a importância do certame, como os detalhes sobre os protocolos de avaliação:

> A prova escrita de português será de composição, cujo assunto será tirado a sorte dentre seis pontos formulados pelos seis examinadores da matéria e a de aritmética consistirá na

resolução de um problema e de uma questão prática tirados a sorte dentro de uma lista de seis formulados pelos seis examinadores da matéria. A tiragem do ponto será feita pela primeira mesa, em presença do diretor e dos examinadores da mesma matéria das outras mesas (Edital, 1915, p. 8).

O edital também detalhava as instruções para os examinadores. Estabelecia que cada examinador julgaria por dia, "pelo menos", 30 provas escritas e delimitava as notas conforme o parecer: "nula, 0; má de 1 a 3; sofrível de 4 a 5; boa, de 6 a 8; boa para ótima, 9; ótima, 10". As notas de 0 a 3 implicavam a reprovação do candidato. As avaliações seriam lançadas nas margens das provas escritas, incluindo as notas dos exames orais. Como não havia prova escrita de Geografia Física, a nota seria lançada na Ata do Exame.

Em 1919 Maria da Conceição pedia matrícula para o 4º ano do curso normal (Escola Normal,1919, p. 2) e era mencionada em chamadas para exames em 1920. Ainda não conhecemos as motivações, mas a expedição do diploma só ocorreu em 1931, quando a docente já atuava no magistério (Diplomas, 1931, p. 4).

A lotação da professora no município de Iguaçu aconteceu em 1929, a pedido dela própria (Atos do Poder Executivo, 1929, p. 19): "Foram removidos, a pedido as seguintes professoras: Maria da Conceição Chaves Ribeiro, da escola mista de 1º grau de Falcão, na Barra Mansa, para a mista de 1º grau de Austin, no município de Iguaçu". A professora assinou os mapas de frequência escolar da Escola Mista de 1º grau de Austin em 1931, 1932, 1933, 1935 e 1937 como "professora efetiva", e figura ao lado dos estudantes na fotografia de 1932, ano em que lecionou sozinha na escola.

Figura 61 – Fotografia Escola estadual n. 7

Fonte: IHGNI; FDE, Aperj, notação 02632. Professora catedrática Maria da Conceição Chaves Ribeiro

Há pedidos de licença e concessão de férias para Maria da Conceição registrados na imprensa fluminense em diferentes anos, como em 1931, 1936 e 1938. Além do registro de sua presença em Iguaçu nos mapas de frequência escolar dessa mesma escola, em Austin — ao longo da década de 1930 — é também pela pesquisa na imprensa que encontramos a professora Maria da Conceição participando da fundação do "Círculo de Pais e Professores", participando como secretária da diretoria da instituição, em 1941:

> No último dia 16 foi fundado em Austin, no estado do rio, o círculo de pais e professores, sendo a sessão aberta pela contadora Eugenia Tinoco, que pronunciou algumas palavras sobre a instrução no brasil. em seguida, usou da palavra a professora Dalila Matos Da Costa, que fez uma conferência sobre o tema: "Escola e lar". Finalmente, foi eleita a diretoria da referida instituição, que ficou assim organizada: presidente — Eugenia Tinoco; vice-presidente — Aristides Ribeiro; 1º secretario — Dalila Matos Da Costa; 2º secretario — Maria Da Conceição Chaves Ribeiro (Círculo de Pais e Professores, 1941, p. 6).

Assim, a participação das docentes em atividades escolares ou na vida pública das localidades em que estavam lotadas emerge da pesquisa, ampliando também possibilidades de estudo sobre a inserção dessas mulheres, vindas de outros munícipios, na sociedade local.

Nesse sentido, interessante observar que a lotação de Silvia Martins Rosas para São João de Meriti ocorreu pela transferência da docente, junto com a escola em que ela estava lotada, para a região. Silvia Rosas foi aluna da Escola Normal de Niterói entre 1920 e 1923 (Escola Normal, 1920, p. 2; Diretoria Geral, 1923a, p. 1). Em setembro de 1923, requisitava pagamentos como professora substituta da Escola Feminina da Vila de Mangaratiba (Diretoria Geral, 1923b, p. 8). Mas, em 1926, tanto a docente quanto a escola na qual estava lotada foram transferidas para São João de Meriti:

> Foi removida a professora efetiva da escola feminina de Mangaratiba D. Sylvia Martins Rosas para a escola mista de Caçador no município de Itaguaí. Foi transferida a escola mista de Caçador no município de Itaguaí com a respectiva professora D. Sylvia Martins Rosas para S. João de Meriti, no município de Iguaçu. (Estado do Rio de Janeiro, 1926, p. 1).

Em 1925, o jornal *Correio da Lavoura* informava que um novo regulamento do ensino primário (Decreto 2.105, de 2 de março de 1925) atribuiu nova classificação às vinte e cinco escolas estaduais de Iguaçu. Em São João de Meriti, havia uma escola de 2º grau masculina e outra escola de 2º grau feminina (Classificação de Escolas, 1925, p. 2). Assim, nos parece que foi a partir de 1926 que passou a existir a escola mista da professora Silvia Rosas em São João de Meriti (Dias, 2022).

Não houve menção de que a remoção tenha ocorrido a pedido da professora. Mas cabe ressaltar que Silvia Martins era filha do major Antônio Gonçalves Rosas, diretor do teatro Trianon. Seu nome figurou em notas sociais na imprensa, fosse por datas de aniversário ou pela cobertura acerca do seu casamento, em 1926, com Sergio Domingues Machado, diretor do Departamento Nacional do Povoamento (Casamentos, 1926, p. 5). A descrição do enlace matrimonial mencionou a presença dos convidados e os presentes recebidos pelos noivos. Tal repercussão na imprensa sugere uma rede de sociabilidade que pudesse ser mobilizada para a lotação da professora. Afinal, uma escola foi removida para que a docente fosse lotada em São Joao de Meriti, no ano de seu casamento (Dias, 2022).

Além do possível interesse da professora na lotação para São João de Meriti, importa notar que, mesmo existindo as escolas municipais e as escolas estaduais feminina e masculina em São João de Meriti, havia a demanda por novas matrículas.

Silvia assinou os mapas de frequência da Escola mista de 2º grau de São João de Meriti n. 31 (FDE, Aperj, notação 02742), entre 1929 e 1943 (e passou a assinar os mapas como Silvia Rosas Machado a partir de 1935).

Em 1932, na Escola Estadual n. 31, mesmo sendo uma escola mista, meninas e meninos foram fotografados em separado, e, numa terceira imagem, outros meninos e meninas foram fotografados juntos. Os registros de frequência docente da Escola mista de 2º grau de São João de Meriti n. 31 atestam que o ano letivo de 1932 começou sem o auxílio de adjuntas (FDE, Aperj, notação 02742). A partir de abril, a catedrática Silvia Martins Rosas informava a lotação de "duas interinas não diplomadas". De fato, observamos nas fotografias a presença de três professoras, e é razoável imaginar que a catedrática Silvia seja a professora que aparece sentada, enquanto as outras duas figuram em pé.

Figura 62 – Fotografia de professoras e alunos da Escola estadual n. 31

Fonte: IPAHB; FDE, Aperj, notação 02742. Professora catedrática Silvia Martins Rosas

Figura 63 – Fotografia de professoras e alunas da Escola estadual n. 31

Fonte: IPAHB; FDE, Aperj, notação 02742. Professora catedrática Silvia Martins Rosas

ENTRE RETRATOS E REGISTROS: MAGISTÉRIO E ESCOLAS PÚBLICAS EM IGUAÇU (1932)

Figura 64 – Fotografia Escola estadual n. 31

Fonte: IPAHB; FDE, Aperj, notação 02742

Curioso notar que, quando sugiro que Silvia é a professora que aparece sentada em dois retratos da escola, ladeada por outras mulheres adultas, estou cedendo à intencionalidade dos modos como os sujeitos foram "arrumados" para a fotografia. Presumo uma hierarquia informada pela imagem, em que a professora catedrática tem destaque em relação às outras mulheres. A ausência da mesma professora na última foto, que é, comparativamente, um retrato menos "organizado" que os anteriores, aumenta essa suposição.

Nessa perspectiva, não se pode descurar que os registros fotográficos de professores, alunos e escolas não são "ingênuos retratos" (Figueiredo, 2023, p. 41). Fotografias de escolas constituíram recursos sociais e políticos dentro do processo de construção e disseminação da escola pública como equipamento destinado à infância e, ainda, de afirmação da figura do professor. A disposição dos sujeitos, as posturas, os semblantes pretenderam fixar representações e criar memórias do que é a instituição escolar, constituindo "estratégias de ordenação do grupo social profissional e também no corpus social" (Figueiredo, 2023, p. 39).

As fotografias de escolas de Iguaçu foram técnica e politicamente produzidas como *retratos*, ou seja, houve uma arrumação prévia, intencional, dos sujeitos que *posaram* para as lentes. Por isso, em diálogo com os códigos sociais daquele tempo, pode ter parecido mais adequado fotografar meninas e meninos separadamente, sem, contudo, isso ser o reflexo dos modos de organização dos turnos. Ou, a contrapelo, as fotografias de escolas mistas em que meninos e meninas foram registrados separados podem dar notícias de estratégias que eram de fato adotadas para evitar a "promiscuidade" das escolas mistas, que, para os setores mais conservadores, eram alvo de avaliações pejorativas desde o século XIX (Munhoz, 2022).

## Turnos de magistério

Como foi apresentado no Capítulo 2, o funcionamento das escolas em turnos era um recurso comum em escolas primárias públicas ofertadas pelo governo estadual. Nesse sentido, localizei Venina Corrêa Torres e Maria Paula de Azevedo atuando em mais de um turno, alcançando o magistério em escolas noturnas.

Venina Corrêa Torres é, atualmente, nome de rua e de escola estadual em Nova Iguaçu. Nascida em 17 de dezembro de 1891, filha de Zeferino José Corrêa e de Elvira de Carvalho Corrêa, Venina Corrêa herdou o magistério da mãe e do avô. Tanto sua mãe quanto seu avô materno eram professores públicos estaduais, exercendo o magistério, sobretudo, nos municípios de Niterói e Itaboraí. Seu pai, Zeferino José, em 1901, trabalhava no Grupo Escolar Barão de Macahubas, como porteiro-contínuo (Instrucção Pública, 1901, p. 1).

No acervo da Escola Normal de Niterói há uma pasta sobre Venina Corrêa, datada de 1908. Ali consta a inscrição de Venina, realizada por seu pai, Zeferino José Corrêa, para os exames de admissão ao primeiro ano do curso normal, com 14 anos de idade, em 1905. Data de 1914 um protocolo assinado pela mãe de Venina, Elvira de Carvalho Corrêa, sobre a retirada da certidão de idade que constava na documentação. A pasta também preserva a prova escrita de admissão e provas escritas realizadas pela aluna no 3º e 4º anos do curso normal (Venina Corrêa, 1908).

Em 1909, já diplomada, portanto, Venina Corrêa publicava um conto no sexto número do semanário *O Nictheroy*, periódico no qual se publicavam, além de trabalhos literários, seções de costume e notícias locais (O Niterói, 1909, p. 1). No ano de 1910, localizamos na imprensa uma ocorrência com o nome de Venina Corrêa inserida no magistério, sendo a dirigente do Externato Corrêa, que funcionava em sua residência (Exames Escolares, 1910, p. 1).

Em 1912 Venina era professora adjunta de escola pública estadual em Niterói. Entre os anos de 1912 e 1918, as ocorrências com seu nome na imprensa a caracterizam como professora adjunta, sempre nessa cidade. É apenas em setembro de 1918 que, ao ser removida para a escola mista do Valão do Barro, em São Sebastião do Alto, ela é nomeada professora efetiva (Diversas, 1918a, p. 1). Apenas onze dias depois, através de permuta com outra professora, Venina é transferida da escola em Valão do Barro para a escola mista de Macacos, em Vassouras (Diversas, 1918b, p. 1).

É no ano de 1921 que a trajetória de Venina Corrêa se cruza com a cidade de Nova Iguaçu, pois em março ela era removida da escola mista que regia em Paracambi para a escola mista de Nova Iguaçu (Nomeação…, 1921, p. 5).

Em 1932, além de atuar na escola noturna feminina de 1º grau de Nova Iguaçu, era diretora do Grupo Escolar Rangel Pestana. Em 1933, o governo fluminense reconhecia que em 6 de agosto de 1929 ela havia completado 20 anos de exercício do magistério público (Barros; Dias, 2020, p. 15). Também atuou como auxiliar de inspeção, visitando escolas de Iguaçu (Dias, 2014).

A professora Venina figurou em fotografias do Grupo Escolar, quando tinha, portanto, cerca de 40 ou 41 anos, e com metade da vida já dedicada ao magistério.

Figura 65 – Fotografia professoras do Grupo Escolar Rangel Pestana

Fonte: IHGNI; FDE, Aperj, notação 02715. Venina é a professora ao centro, de vestido estampado

ENTRE RETRATOS E REGISTROS: MAGISTÉRIO E ESCOLAS PÚBLICAS EM IGUAÇU (1932)

Na fotografia a seguir, embora a legenda informe "Grupo Escolar Rangel Pestana", acredito que se trata da Escola Noturna Feminina n. 1, regida pela professora Venina Corrêa. Há documentação da escola para os anos de 1929, 1931, 1932, 1933, 1935. Em março de 1932, a escola iniciou o ano letivo com 39 alunas na primeira série e 4 na segunda série. Naquele mês vinte mulheres analfabetas foram matriculadas. Em novembro eram contabilizadas 67 estudantes, divididas em classes de primeira e segunda séries. Começou o ano letivo de 1933 com 40 matriculas, e fechou o ano com 60 estudantes, das quais 53 cursavam a primeira série do ensino primário.

Figura 66 – Fotografia Escola estadual noturna feminina

Fonte: IHGNI; FDE, APERJ, notação 02709

Venina assinou os mapas do Grupo Escolar Rangel Pestana até maio de 1946 (FDP, Aperj, notação 02715). Em outubro de 1949, foi feita uma homenagem à professora Venina Corrêa, com a inauguração de seu retrato em uma das salas do Grupo Escolar Rangel Pestana, do qual havia sido a professora regente e diretora. Nessa ocasião, compareceram "elementos de destaque no magistério local e autoridades municipais" (Nova Iguaçu, 1949, p. 6). Apenas alguns meses depois, em fevereiro de 1950, faleceu a professora Venina Corrêa com 58 anos (Venina…, 1950, p. 9).

Também atuou em mais de um turno a professora catedrática Maria Paula de Azevedo, que foi fotografada junto dos estudantes da Escola Noturna n. 2 e nas fotografias da Escola Mista n. 2.

Figura 67 – Fotografia Escola noturna n. 2

Fonte: IHGNI; FDE, APERJ, notação 02707. Professora catedrática Maria Paula de Azevedo

Figura 68 – Fotografia de classe da Escola estadual n. 2

Fonte: IHGNI; FDE, Aperj, notação 02711. Provavelmente a legenda original está errada, a fotografia da escola noturna é somente a fotografia 67

Figura 69 – Fotografia de classe da Escola estadual n. 2

Fonte: IHGNI; FDE, Aperj, notação 02711

Figura 70 – Fotografia da Escola estadual n. 2

Fonte: IHGNI; FDE, APERJ, notação 02711

Figura 71 – Fotografia Escola estadual n. 2, turno da tarde

Fonte: IHGNI; FDE, Aperj, notação 02711

No acervo da Escola Normal de Niterói consta o pedido de inscrição para exame de admissão, submetido pelo pai, Antônio Lourenço de Azevedo, em fevereiro de 1908. Maria Paula havia nascido em 10 de janeiro de 1892 na freguesia de São Lourenço de Niterói, filha do casamento de Antônio com Dona Donata Bernardina de Azevedo. Não há declaração de cor na cópia da certidão de batismo. Os avós paternos foram declarados como desconhecidos e a avó materna se chamava Dona Bernardina Maria da Conceição (Maria Paula de Azevedo, 1908).

Em fevereiro de 1910, Maria Paula prestava os exames de 2º ano da Escola Normal (Escola Normal, 1910, p. 2). Em dezembro de 1910 prestava os exames do 3ª ano (Escola Normal, 1910, p. 1). Em 1912 participava da banca de exames finais do Externato Santa Rita de Cássia (Externato..., 1912, p. 1), quando ainda prestava os exames do 4º ano da Escola Normal (Escola Normal, 1912, p. 1).

Em 1914 Maria Paula foi promovida a adjunta de segunda classe (Diversas, 1914a, p. 1) e designada para reger a Escola mista de Sacra Família em Vassouras. Em 1916 participou de bancas examinadoras de escolas da mesma região (Vassouras, 1916, p. 3). Em 1917 foi concedida uma permuta requerida após instalada a escola em Sertão, no mesmo munícipio, e Maria Paula deixou a Escola da Sacra Família (Secretaria Geral do Estado, 1917, p. 2). Em 1925 seguiu lecionando na Escola de Sertão, em Vassouras (Exames Escolares, 1925, p. 1).

Maria Paula foi lotada em Iguaçu em 1928, por permuta, da Escola do Sertão com a professora "das escolas mistas de Paracambi, em Iguaçu" (Permuta, 1928, p. 12). Em julho, era regente da Escola Mista n. 2, e recebia professora adjunta interina porque a escola havia excedido a matrícula de 100 alunos (Diretoria de Instrução Pública, 1928, p. 8). Em 1930, a Escola Mista de Paracambi era transferida, junto com a professora Maria Paula, para Nova Iguaçu (Transferência, 1930, p. 11). Na análise da documentação da Escola Mista n. 2, assim como pode ser observado nas fotografias de 1932, foi permanente o número alto de matrículas ao longo das décadas de 1930 e 1940 (FDE, Aperj, notação 02711). Tanto os mapas quanto as fotografias atestam que a escola funcionou com um quadro auxiliar de professoras.

A escola começou o ano letivo de 1932 com três professoras adjuntas. Funcionava em dois turnos com 193 alunos, dos quais 73 meninos e 74 meninas estavam em classes de primeira série, tendo sido matriculados, nesse contingente, 34 meninos e 32 meninas analfabetos. Na segunda série estudavam 23 meninos e 17 meninas e na terceira série estavam matriculados 3 meninos e 3 meninas (FDE, Aperj, notação 02711). A escola encerrou o ano com um número maior, registrando em outubro 231 matrículas, das quais 97 meninos e 97 meninas estavam em classes de primeira série, 15 meninos e 16 meninas cursavam a segunda série e somente 3 meninos e 3 meninas estavam na terceira série do ensino primário (FDE, Aperj, notação 02711).

No ano seguinte, em março de 1933, a catedrática informava o funcionamento em dois turnos com 208 alunos: dos quais 76 meninos e 85 meninas matriculados em classes de primeira série (tendo sido matriculados 36 meninos e 39 meninas analfabetos), 18 meninos e 21 meninas na segunda série e 4 meninos e 4 meninas na terceira série. Em outubro havia quatro professoras adjuntas, sendo uma efetiva diplomada, uma interina diplomada, uma interina não diplomada e uma substituta não diplomada. Ao final do ano de 1933 a escola registrava 250 estudantes, dos quais 105 meninos e 115 meninas estavam em classes de primeira série, 14 meninos e 14 meninas na segunda série e 5 meninos e 7 meninas na terceira série. Retomo aqui esse exercício de comparação entre os contingentes de matrículas por ano e classes, já realizado para outras escolas retratadas em fotografias no Capítulo 2, para reforçar essa continuidade de condições de acesso e permanência que certamente informavam as condições de trabalho das professoras.

Já as matrículas nas escolas noturnas não apresentavam muitas inscrições. Não localizei documentação sobre escolas noturnas mistas. Assim como ocorria nas escolas primárias regulares, nas escolas noturnas as matrículas eram concentradas na primeira série do ensino, mesmo através dos anos. Em 1931 a Escola Masculina Noturna de 1º grau n. 2 começou o ano com alunos apenas na primeira série, e funcionava no distrito-sede. Em 1932 iniciou o ano com 44 estudantes na primeira série e apenas 1 na segunda série. No final do ano de 1933, a escola funcionou com 54 alunos na primeira série e apenas 2 alunos na segunda série. Em 1936 possui primeira e segunda séries, sendo 38 alunos na primeira série e 3 na segunda série. Maria Paula assinou como única regente todos os mapas entre 1931 e 1936, período coberto pela documentação (FDE, Aperj, notação 02707).

O governo concedeu gratificação a Maria Paula por ter completado 20 anos de magistério em 20 de setembro de 1929 (Notícias, 1934, p. 9).

Em 1934, era noticiado o "grande festival esportivo e recreativo" promovido pela "direção" da Escola pública n. 2 em benefício do Hospital de Iguaçu e da Caixa Escolar Athayde Parreiras. Maria Paula de Azevedo *Lopes*, "com a dedicação conhecida pelos censos ligados a nossa instrução e particularmente com tudo que diz respeito a Escola que dirige eficientemente, está envidando os maiores esforços para maior êxito da festa [...]" (Escolares, 1934, p. 6).

Em 1935, as solenidades de encerramento das aulas ocupavam lugar elogioso na imprensa fluminense. Ao que tudo indica, a Escola mista n. 2 era, depois do Grupo Escolar Rangel Pestana, a escola mais importante do distrito-sede. A "distinta dirigente" e "ilustre educadora" Maria Paula, auxiliada por três docentes, promoveu na escola os exames finais com a presença de autoridades locais. Houve a execução de coral de canto orfeônico "sob a batuta da professora Maria Paula", além da execução de hinos, recitações, discursos e homenagens, tendo Maria Paula recebido dos alunos e professoras uma "mimosa fruteira", como prova de "agradecimento e amizade" (No Estado do Rio, 1935, p. 14). Em 1936, a docente e a Escola recebiam menção na imprensa pela "posição de destaque" alcançada nas comemorações do centenário de nascimento de Benjamim Constant ocorrido nas escolas de Iguaçu (Rio de Janeiro, 1936, p. 12).

Na Escola mista n. 2 Maria Paula assinou os mapas até abril de 1938. Em maio, a professora interina diplomada Dulce Alves de Mendonça anotava que "não havendo substituto legal da senhora catedrática, por ordem da inspetoria, deixei de dar aula no primeiro turno. Passando os respectivos alunos para o 2 turno" (FDP, Aperj, notação 02711). Não há mapas no dossiê para os meses de junho e julho. Em agosto, Elza Cerqueira assinava como catedrática efetiva, informava a existência de adjuntas interinas e substitutas e justificava não ter assumido turmas e a motivação da queda da frequência de estudantes:

> O nome da catedrática não figura com regência de classe pelo fato da mesma ter encontrado a casa em parte recuperada pela Secção Profissional, ficando, por conseguinte sem lugar para funcionar. Acresce que a mesma teve que organizar a matrícula, pois com saída da catedrática que antecedeu muitos alunos se retiraram não tendo entretanto sido eliminados. Esta é a razão porque esse mês a matricula atua tão grande baixa [sic]. (FDP, Aperj, notação 02711, 8/1938).

As citações anteriores revelam certa instabilidade causada na organização do funcionamento da escola após a saída da professora Maria Paula. Certamente, atuando desde pelo menos há dez anos na mesma comunidade escolar, a catedrática era constituinte daquele cenário e das formas de funcionamento. O fato da baixa frequência de estudantes após a saída sugere que a docente exerceu uma função ativa de manutenção daquela comunidade escolar. Assim, há que se considerar a relevância da função social exercida pelas docentes no enraizamento da escola na comunidade local e a adesão das famílias em matricular e manter as crianças nas escolas. Assim, no rastro de trajetórias individuais, cabe observar e comparar o tempo de magistério exercido em Iguaçu pelas docentes identificadas nas fotografias em 1932.

## A permanência de catedráticas nas escolas públicas dos distritos de Iguaçu

No mapeamento de trajetórias de professoras fotografadas foi relevante observar os tempos de permanência em escolas de Iguaçu. Muitos casos revelam as oscilações em nomeações para escolas em diferentes regiões do estado fluminense, o que denota a continuidade da condição de "tropeiras da instrução". Mas há que se observar que ocorreu a permanência das docentes em diferentes distritos de Iguaçu nas décadas de 1930 e 1940, período de relevante desenvolvimento econômico da região no cenário estadual. O cruzamento dos registros dos mapas de frequência com as menções às docentes na imprensa, apesar das lacunas, delineia aspectos desse processo de fixação em Iguaçu, onde, em muitos casos, permaneceram nas mesmas escolas até a aposentadoria.

Como foi comentado na introdução, a recente descoberta da publicação das duas fotografias a seguir, no periódico fluminense *A Noite Ilustrada*, em 1932, foi um importante recurso para a datação das fotografias.

Figura 72 – Fotografia Escola estadual n. 3, primeiro turno

Fonte: IHGNI; FDE, Aperj, notação 02712. Professora catedrática Carmem Maldonado

Figura 73 – Fotografia Escola estadual n. 3, segundo turno

Fonte: IHGNI; FDE, Aperj, notação 02712

Tanto na reportagem quanto na legenda das fotografias originais, foi identificada a professora catedrática Carmem Maldonado (O ensino, 1932, p. 28). Carmem Maldonado concluiu o curso na escola normal que funcionou anexa ao colégio de Santa Isabel, em Petrópolis, 1913 (Rio de Janeiro, 1913, p. 4). A solenidade da formatura foi prestigiada pelas autoridades locais, representantes do governo fluminense e "pelo delegado fiscal do governo junto à escola normal", o que denota a validação dos diplomas ali conferidos (Rio de Janeiro, 1913, p. 4). No ano seguinte, estava lotada em Vassouras e, em 1922, em Paracambi (Jara, 2023, p. 57). Em 1923, Carmem era professora na Escola mista da localidade de Rancho Novo, em Nova Iguaçu (Jara, 2023, p. 57). Entre maio de 1929 e novembro de 1942, a professora efetiva respondeu pelos mapas de frequência da Escola Mista n. 3, sendo algumas vezes substituída por motivo de licenças. Em novembro de 1942, na última vez que o nome de Carmem figurou no quadro de docentes da escola, houve o registro de que "consta licenciada com 2/3 dos vencimentos para tratamento de saúde". Há, portanto, registros de 28 anos de docência, dos quais 19 anos foram exercidos em Iguaçu. Em 1958, Carmem foi mencionada na imprensa por ocasião do falecimento do esposo (Jara, 2023, p. 57).

Um caso de breve permanência no território de Iguaçu é o de Ecilda Vieira, que ocupou o cargo de "efetiva diplomada" da Escola mista n. 21 de 1º grau de São Matheus, no 4º distrito de Iguaçu, nos anos de 1931, 1932 e 1933 (FDE, Aperj, notação 02746). Ela cursou a Escola Normal de Niterói entre 1926 e 1928, como pode ser verificado pelas publicações de convocações para provas, publicação de resultados e publicação da conclusão do curso em janeiro de 1929 (Escola Normal, 1929, p. 1).

Em setembro de 1931 foi designada como adjunta para a Escola n. 21 de São Mateus (No magistério fluminense, 1931, p. 8), e a catedrática efetiva da escola, Alcídia Isolina de Magalhães, registrava a presença da docente no mapa de frequência escolar de outubro de 1931 como "adjunta de 1ª classe" (FDE, Aperj, notação 02746). A partir dessa informação, considero que Ecilda e Alcídia são as docentes registradas junto com os estudantes da Escola Mista n. 21, em 1932, conforme imagem a seguir. Contudo, a docente Ecilda foi designada em 1935, por ato do inspetor geral do ensino, para o Grupo Escolar 9 de Abril, situado em Niterói, não permanecendo no município de Iguaçu (Notícias de Niterói, 1935, p. 10).

Figura 74 – Fotografia da Escola estadual n. 21

Fonte: FMM; FDE, Aperj, notação 02746. Professoras Ecilda Vieira e Alcídia Isolina

O caso de Ecilda é um contraponto à história das professoras catedráticas que figuram no conjunto das fotografias. Comparativamente, vigorou a permanência das professoras lotadas em escolas de Iguaçu, fosse no distrito-sede ou em outros distritos.

É o caso de Alcídia Isolina de Magalhães, que prestou exames de admissão para a Escola Normal de Niterói em 1918 (Escola Normal, 1918, p. 1) e cursou até 1920 (Escola Normal de Niterói, 1920, p. 1). Contudo, em 1923, seu nome consta entre os diplomados de 1922 do Instituto Normal Santa Izabel, de Petrópolis (Estado do Rio de Janeiro,1923, p. 4). Em junho 1923 era deferido o pedido de pagamento por atuação como professora interina da Escola masculina de Vila Nova de Itambi, em Itaboraí (Secretaria Geral do Estado, 1923, p. 7).

Não foram localizados na imprensa fluminense atos de nomeação de Alcídia para Iguaçu nem notícias de sua jubilação. Mas a professora atuava na Escola Mista de 1º grau, em São Matheus, em 1925 (Classificação de Escolas, 1925, p. 2). Alcídia assinou os mapas de frequência escolar da Escola mista n. 21 em todo o período documentado da escola, de 1929 a 1943 (FDE, Aperj, notação 02746).

Além da permanência no município de Iguaçu por décadas, cabe observar a manutenção das docentes catedráticas nas mesmas escolas, ainda que, no período, fosse comum a remoção de escolas, mudanças de localidades, e constante alteração no quadro de adjuntos etc.

Marília de Lima Trindade foi catedrática da Escola Mista n. 32, em São João de Meriti. Por ser o principal cargo entre os docentes da escola, suponho que seja a mulher que está sentada, ao centro da foto, ladeada por outras duas mulheres que provavelmente eram as professoras adjuntas:

ENTRE RETRATOS E REGISTROS: MAGISTÉRIO E ESCOLAS PÚBLICAS EM IGUAÇU (1932)

Figura 75 – Fotografia Escola estadual n. 32

Fonte: IPAHB; FDE, Aperj, notação 02743. Professora catedrática Maria Rosa de Lima

Marília Rosa de Lima foi aluna da Escola Normal de Niterói entre 1920 e 1923. Em 1924 foi nomeada adjunta interina do Grupo Escolar Raul Veiga, em Macaé (Instrução Pública, 1924, p. 1). Em 1926 foi designada professora adjunta para o Grupo Escolar Quintino Bocaiuva (Diretoria da Instrução Pública, 1926, p. 7).

Em 1927, foi mencionado o seu casamento e o aniversário de sua mãe, também professora (Amélia Rosa de Lima, esposa de Sabino Lima), como motivos de celebração da família (Notas Sociais, 1927, p. 2). Em 1930, os nomes de Marilia Rosa de Lima e Marília de Lima Trindade são vinculados à 32ª Escola mista de São João de Meriti (Diretoria da Instrução Pública, 1930, p. 12). Não localizei o ato de nomeação para Iguaçu, constando na imprensa, apenas, menções à sua atuação em São João de Meriti desde 1929.

A professora Marília Rosa de Lima assina o único mapa de maio de 1929 da Escola. Nas décadas seguintes, entre 1931 até julho de 1942, Marília de Lima Trindade foi a professora efetiva da Escola, por onde passaram outras professoras substitutas, adjuntas, diplomadas, não diplomadas, temporárias, conforme os registros nos mapas de frequência dos adjuntos.

A aposentadoria de Marília de Lima Trindade foi anotada em julho de 1942 (FDE, Aperj, notação 02743), e, também, publicada na imprensa fluminense (Atos do Interventor Fluminense, 1942, p. 7). No mês seguinte, o impacto da saída da docente era informado pela professora substituta: "Só estão freqüentando as aulas os alunos da 1ª série visto achar-se vaga a escola e desprovida de professora para o outro turno" (FDE, Aperj, notação 02743).

Alzira dos Santos foi outra docente identificada em escolas do populoso distrito de São João de Meriti. Embora a legenda da fotografia tenha identificado como mista a Escola primária estadual n. 16, os mapas informam a existência da Escola Feminina de 2º grau de São João de Meriti n. 16, entre 1929 e final de 1932. A partir de maio de 1933 a escola foi nomeada como mista (FDE, Aperj, notação 02741).

Alzira dos Santos é a mulher que aparece sentada na fotografia da Escola mista n. 16, a seguir. É a permanência do nome dela como catedrática da escola em todos os mapas do ano de 1932, mesmo ano em que foram realizadas as fotografias, o que nos leva a essa afirmação. Atuava na região desde 1923 e assinou os mapas até 1943.

Foi aluna da Escola Normal, tendo prestado os exames de admissão em 1916 (Escola Normal, 1916, p. 1) e concluído os estudos em 1920 (Escola Normal, 1920, p. 1). Em 1923 requisitava pagamento pela docência exercida na escola mista em Rio Douro (Diretoria..., 1923, p. 1). Essa região é parte do território de Iguaçu e próxima à região da Escola feminina de São João, para onde a escola e a docente foram transferidas, em outubro do mesmo ano, por ato do diretor da instrução pública "por conveniência do ensino" (Revistas dos Estados, 1923, p. 6). O nome da professora, vinculada à Escola feminina de São João de Meriti, também foi identificado no jornal local *Correio da Lavoura* em 1925 (Classificação..., 1925, p. 2).

Figura 76 – Fotografia Escola estadual n.16

Fonte: IPAHB; FDE, Aperj, notação 02741. Professora catedrática Alzira dos Santos

A análise do quadro de professoras da Escola n. 16 tem características muito comuns ao cotidiano de outras escolas estaduais de São João de Meriti (Dias, 2022). Há registros de lotação de professoras diplomadas e não diplomadas, interinas e efetivas. É possível observar a permanência da catedrática e a rotatividade ao longo dos anos dos professores adjuntos, fossem contratados ou concursados. Ademais, professoras compareciam à escola para tomar posse, mas não permaneciam. Em 1937, Judith Teixeira Lima foi designada como interina diplomada, porém "tomou posse mas não compareceu". Em março de 1940, a adjunta é designada "não compareceu". Em 1942, a temporária diplomada Clotilde da Costa Borges de Carvalho "foi nomeada para a Prefeitura de Niterói" e a temporária diplomada Hilma Corrêa e Castro "Tomou posse mas foi nomeada para Nova Friburgo" (FDE, Aperj, notação 02741). Essa dinâmica revela certa instabilidade no processo de lotação dos docentes, dificuldades em manter escolas providas e, ainda, como consequência, a demanda por novas matrículas de estudantes ser contida pela falta de docentes (Dias, 2022).

Em contraponto a essa instabilidade, houve casos de docentes que solicitaram remoções, por vezes para localidades próximas em Iguaçu, e que não foram atendidas, como o caso de Iracema Cunha.

Iracema Cunha foi aluna da Escola Normal de Niterói entre 1906 e 1909. Desde 1919 foi professora da Escola mista em Retiro (Diretoria da Fazenda, 1919, p. 9), onde foi fotografada junto aos estudantes, em 1932. Entre 1929 e 1941, Iracema Cunha Sá Rego assinou os mapas de frequência escolar da Escola mista de 1º grau de Retiro n. 14. Continuou lotada na escola pública de Retiro em 1925 (Classificação de Escolas, 1925, p. 2). Em 1929, a docente solicitou remoção da Escola mista de 1º grau de Retiro para a Escola mista de 1º grau de Belford Roxo, no mesmo município (Diretoria de Instrução Pública, 1929, p. 14). Na ocasião o governo fluminense reconhecia que a docente tinha 10 anos, 7 meses e 26 dias de tempo de serviço. Contudo, pela assinatura mantida nos mapas de frequência da Escola de Retiro, verifico que a remoção não foi atendida.

ENTRE RETRATOS E REGISTROS: MAGISTÉRIO E ESCOLAS PÚBLICAS EM IGUAÇU (1932)

Figura 77 – Fotografia Escola estadual n. 14

Fonte: IHGNI; FDE, Aperj, notação 02729. Professora catedrática Iracema Cunha

Outro tipo de ocorrência eram as remoções das escolas, junto com as docentes, entre localidades. Em 1929, a Escola mista de 1º grau de Bonfim, n. 34, funcionava no 5º distrito do município de Iguaçu. Em maio de 1931 estava na localidade de Rancho Novo, no mesmo distrito, ainda com classes na primeira e segunda séries. Porém, no mês seguinte, a Escola passou a funcionar no 1º distrito, com a identificação de Escola mista de 1º grau de Nova Iguaçu, mantendo o n. 34 e a mesma professora que lecionava em Bonfim, ocorrendo uma mudança na matrícula de 23 para 32 alunos. A mudança da escola, com a respectiva docente Nair, para a sede do município, ocorreu por ato da diretoria da instrução, em abril de 1931 (Diretoria da Instrução, 1931, p. 11). Em março de 1932 a escola funcionava com três classes na primeira série e um total de 57 alunos. Em 1935, possuía 27 alunos distribuídos entre três classes na primeira série e uma classe na segunda série, sendo a segunda série integrada por 2 alunas.

Figura 78 – Fotografia Escola estadual n. 34

Fonte: IPAHB; FDE, Aperj, notação 02644. Professora catedrática Nair Maciel Bastos

Em janeiro de 1920, Nair Maciel Bastos prestava exames do 3º ano da Escola Normal de Niterói (Escola Normal, 1920, p. 1) e em dezembro prestava os exames do 4º ano. Prosseguiu fazendo provas em 1921 (Escola Normal de Niterói, 1921, p. 1) e em 1922 (Escola Normal, 1922, p. 1). Não localizei a nomeação para escolas, mas o nome figura nos mapas da Escola mista em Bonfim, em 1929.

A catedrática Nair Maciel Bastos, que a partir de 1942 assina como Nair Bastos Scassa, foi a regente da escola nos mapas existentes entre 1929-1947, exceto quando esteve licenciada, quando professoras interinas acusavam o afastamento da catedrática. Nair Bastos lecionou sozinha nessa escola entre 1929 e 1940.

Também poderiam ocorrer mudanças nos regimes de funcionamento das escolas de uma mesma localidade. Interessante observar na fotografia seguinte a divergência entre o antigo nome da escola feminina e a presença de meninos, em função da transformação em escola mista.

Figura 79 – Fotografia Escola estadual n. 10

Fonte: IHGNI; FDE, Aperj, notação 02674. Professora catedrática Hermínia de Aquino

Hermínia de Aquino assinou os registros de funcionamento de três escolas em Mesquita. Atuou concomitantemente na Escola Feminina n. 10 entre 1929 e 1935 (FDE, Aperj, notação 02674) e na Escola Noturna Masculina n. 3 (FDE, Aperj, notação 02675). Em outubro de 1932, a Escola Feminina foi transformada em Escola Mista n. 10 e, em 1937, a Escola Noturna Masculina foi transforma em Escola Mista n. 9 (FDE, Aperj, notação 02675). Assim, em 1937, Hermínia passou a responder somente pelos mapas da Escola Mista de 2º grau n. 9, até junho de 1946. Portanto, há registros de Hermínia atuando em Iguaçu entre 1929 e 1946. Em 1942, passou a assinar como Hermínia de Aquino de Andrade (FDE, Aperj, notação 02675).

Em Niterói, Hermínia foi aluna do ensino primário da 2ª Escola pública (Exames, 1907, p. 1). Era filha do "snr. capitão" Thomaz de Aquino. Ingressou no primeiro ano da Escola Normal de Niterói em 1911 (Escola Normal, 1911, p. 4). Prestou exames do 4º ano em 1915 (Escola Normal, 1915, p. 1). Em 1916 era deferido seu pedido para ser lotada em escola pública (Secretaria Geral do Estado, 1916, p. 21). Em 1921 era professora pública em Bacaxá (Externato, 1921, p. 1). Não localizei na imprensa sua lotação para o município de Iguaçu nem informes sobre a aposentadoria. Em setembro de 1937 completou 25 anos de "serviços prestados ao Estado" (Estado do Rio, 1940, p. 4). Faleceu em 1964 (Professora..., 1964, p. 6).

A partir de 1937, Hermínia teve a companhia de professoras adjuntas na Escola Mista n. 9. Em março de 1944, anotava a demanda por matrículas: "por falta de carteiras para 100 discentes, matriculei apenas 80, estando os restantes matriculados como excedentes" (FDE, Aperj, notação 02675).

Ao longo das décadas de 1930 e 1940, fez anotações acerca dos eventos realizados "com preleção, poesias, recitativos e hinos" em função das datas comemorativas, como Dia da Árvore, Aniversário do presidente Getúlio Vargas, Aniversário de Duque de Caxias, Dia da Independência, Aniversário do Estado Novo, Semana da Criança. Também ressaltou a ocorrência de baixa de frequência por ocasião de surtos de doenças entre estudantes, dias chuvosos e até mesmo o fechamento da escola: "Devido a enchente que invadiu o prédio escolar no dia 30 não foi possível funcionar a aula" (FDE, Aperj, notação 02675, 3/1939). Registrou as visitas de inspeção recebidas entre 1932 e 1949. Essas notas esparsas ao longo dos anos e em comparação com anotações feitas por outras docentes, em outras escolas, funcionam como lentes acerca do cotidiano de exercício de magistério, marcado pelas condições de infraestrutura do território, como saneamento, transporte, mas, também, marcado, naquelas décadas, pelas diretrizes informadas pela política educacional do governo de Getúlio Vargas, onde a escola era vista como recurso de disseminação do patriotismo (Dias, 2014b).

Há importantes registros do percurso profissional da professora Celina Rezende, que registram desde a formação na Escola Normal de Niterói, o tropeirismo da instrução em regiões do estado, a fixação e a aposentadoria em Iguaçu. Foi fotografada junto aos estudantes da Escola Mista n. 1, localizada no distrito-sede.

ENTRE RETRATOS E REGISTROS: MAGISTÉRIO E ESCOLAS PÚBLICAS EM IGUAÇU (1932)

Figura 80 – Fotografia Escola estadual n. 1

Fonte: IHGNI; FDE, Aperj, notação 02710. Professora catedrática Celina Rezende Silva de Figueredo

Celina Rezende Silva, "diplomada pela Escola Normal de Campos", foi nomeada em 1907 para reger Escola mista do Alto Teresópolis (O Fluminense, 1907, p. 1).

Em 1911, entre informações fornecidas por um correspondente acerca de notícias do interior do estado, era confrontada uma decisão do diretor da Instrução Pública de mandar procurar casa para uma escola em Alto Teresópolis, transferindo para lá a Escola de Santa Rita e a docente Celina. A mudança era criticada em função do número de crianças ser maior em Santa Rita, e tal instrução seria motivada para beneficiar a docente (Interior, 1911, p. 4). Ao que tudo indica, a professora foi lotada na escola em Santa Rita, porque consta a remoção da referida escola para a escola em Divisa (Atos do Poder Executivo, 1911, p. 6).

Em setembro de 1911, a professora Celina solicitava pagamento por lecionar em escola de Divisa, em Barra Mansa (Inspetoria de Fazenda, 1911, p. 6). Em 1914 estava lotada em uma escola na localidade de Quatis, ainda em Barra Mansa (Diversas, 1914b, p. 1). Por ato do governo fluminense, a professora Celina foi removida da escola do município de Barra Mansa para a Escola Mista de 2º grau de Nova Iguaçu em 1928 (Atos do Governo Fluminense, 1928, p. 3). Portanto, ao chegar em Iguaçu, já havia lecionado por 21 anos em outra região fluminense.

A documentação da Escola Mista n. 1 de 2º grau de Nova Iguaçu abarca os anos de 1929 a 1947, com exceção dos anos de 1934 e 1936. Celina Rezende Silva e, a partir de 1932, Celina Rezende Silva de Figueiredo assinou os mapas de frequência até março de 1939.

Em 1927 foi reconhecido aumento de vencimentos por ter completado 20 anos de magistério (Estado do Rio de Janeiro, 1927, p. 1). Contudo, em 1932, era concedida gratificação por 25 anos de efetivo exercício na profissão (Atos do Sr. Interventor, 1932, p. 2). Provavelmente, no primeiro caso, foi computado o tempo a partir da primeira lotação em escola, em 1907, e, no segundo caso, foi computado o período de estudante da Escola Normal de Campos. A chamada para inspeção de saúde para efeitos de jubilação aconteceu em 1938 (Professoras submetidas..., 1938, p. 4). Quando foi lotada em Iguaçu, Celina já havia exercido vinte anos de magistério, e passou os últimos dez anos da carreira na mesma escola em Iguaçu.

Numa perspectiva comparada, a síntese apresentada no Quadro 4 "Professoras identificadas em fotografias de 1932" revela que todas as 15 professoras foram alunas da Escola Normal. Destas, 12 foram formadas na Escola Normal de Niterói. Uma delas, Alcídia, iniciou os estudos na Escola Normal de Niterói, mas obteve a conclusão do curso na Escola Normal anexa ao Ginásio Santa Isabel, de Petrópolis (onde também foi formada Carmem Maldonado). Celina Rezende foi formada na Escola Normal de Campos, que também era uma instituição do estado fluminense.

O inventário das trajetórias individuais confirma, assim, o que é apontado pela historiografia acerca dos projetos dos governos fluminenses, no período republicano, de fazer da Escola Normal de Niterói uma empreitada de formação prévia dos docentes (Ecar, 2011; Müller, 1999). A publicação na imprensa das chamadas para os exames de admissão, as chamadas e publicações de resultados de exames, as matérias sobre formaturas etc. permitem conhecer parte do cotidiano enfrentado pelas estudantes.

A investigação sobre o magistério a partir da escala do território de Iguaçu amplia as lentes, portanto, para o curso do movimento de uma política pública engendrada pelo governo fluminense. As docentes eram nomeadas para as escolas logo em seguida da conclusão do curso normal, iniciando, assim, a carreira do magistério. A Escola Normal exerceu uma função de distribuir, pelas diferentes regiões do estado, professoras formadas.

Na maior parte das histórias investigadas, as primeiras menções aos nomes das mulheres ocorreram justamente pela condição de candidatas ou estudantes da Escola Normal. Em seguida, emergem os expedientes sobre nomeação para escolas, remoções, pedidos de pagamento, licenças e, por fim, notícias acerca da jubilação. É notório que foi pela condição de funcionárias do governo estadual fluminense que emergiram informações sobre o paradeiro das docentes. Um aspecto específico que emergiu na pesquisa de trajetórias de mulheres, pelo uso do método onomástico, foi lidar com alterações nos nomes por conta dos casamentos. E essas alterações acenam para a importância social do estado civil nas experiências das mulheres e na posição social que ocupam: "A liberdade de ação das mulheres variava quando viúvas, solteiras ou casadas. Nesse sentido, há também outras variáveis para além de gênero, raça e classe que podem ser levadas em consideração e enriquecer a análise, geração, sexualidade, etnia, localização no globo etc." (Alves, 2018, p. 115).

Importa ressaltar que as tentativas de pesquisar "pelo fio do nome" trajetórias de docentes das escolas municipais não prosperaram. Os expedientes da prefeitura de Iguaçu acerca das professoras não eram sistematizados nem mesmo no periódico local *Correio da Lavoura* (Cedim-UFRRJ). As notícias e relatórios publicados davam visibilidade mais às escolas municipais do que às docentes. E mesmo as trajetórias de professoras aprovadas em concurso municipal em 1931 não foram ampliadas para além do que consta em mapas de frequência escolar e notícias esparsas (Silva, 2021). A posição periférica do território em relação à imprensa fluminense, na década de 1930, somada às dificuldades de acesso às fontes documentais das agências municipais de Iguaçu, devido à ausência de um arquivo municipal, impossibilitaram a ampliação da pesquisa. Pesquisas sobre professoras municipais do Distrito Federal, que frequentaram a Escola Normal da capital, foram mais exitosas em localizar menções aos nomes das docentes (Carvalho, 2019).

As mulheres aqui pesquisadas frequentaram a Escola Normal, principalmente nas décadas de 1910 e primeira metade da década de 1920. Camila Leonídia foi a única professora que foi imediatamente designada para Iguaçu após a conclusão da Escola Normal, em 1904. Ela, contudo, não permaneceu no município, e só voltou a lecionar em Iguaçu em 1929, já nos anos finais da carreira.

Numa perspectiva comparada, portanto, é relevante perceber essa condição de "tropeira da instrução" que caracterizava a profissão, com locais de lotação bem distantes da capital do estado. Em contrapartida, outro aspecto comum observado foi que, exceto no caso de Ecilda, depois de lotadas em Iguaçu, na década de 1920, as professoras catedráticas permaneceram por décadas na região, e, em geral, lotadas nas mesmas escolas. Ainda que os mapas de frequência das escolas dos distritos mais populosos registrassem certo dinamismo no quadro de adjuntos, com a entrada e saída de docentes por motivos de transferências, remoções etc., as catedráticas, pelo exame realizado, se estabeleceram. Houve casos em que, com a saída da catedrática por motivo de licença ou aposentadoria, efeitos de instabilidade no funcionamento e na frequência de estudantes foram registrados pelas novas professoras que assumiram.

Marcos da permanência na profissão repercutiam ainda na obtenção de gratificações e aumento dos vencimentos, como ocorria quando as docentes completavam vinte ou trinta anos no magistério. Assim, ainda que atenta à historiografia que aponta que políticas eugenistas promoveram obstáculos ao ingresso de pessoas negras e pardas no magistério do Distrito Federal nas décadas de 1920 e 1930 (Dávila, 2006; Müller, 2016, 2010, 2008, 2006), não foi possível afirmar ou contestar que o mesmo tenha ocorrido em Iguaçu, em função das fontes e das trajetórias aqui apresentadas.

Assim, o exercício do magistério em escolas públicas de Iguaçu, no recorte aqui produzido a partir das trajetórias individuais, foi um magistério protagonizado por mulheres. Mulheres egressas da Escola Normal, que em algum momento da carreira foram lotadas, a pedido ou não, em Iguaçu. Importa considerar que é uma história de ingresso de mulheres em carreiras públicas, em que o "magistério permitiu a conquista de determinados espaços públicos, de outra ordem talvez repleto de restrições e interdições ao feminino" (Carvalho, 2019, p. 237) e, também, "a possibilidade de vivenciar direitos ainda não garantidos ao restante da população trabalhadora" (Carvalho, 2019, p. 234). E, pelos retratos, cintila uma diversidade racial bastante relevante para os estudos da história da educação, que, por muito tempo, se contentou em duvidar, silenciar, negar, e se absteve de historicizar a educação das populações negras.

# Conclusão

## *UM DEFEITO DE COR*
## NA HISTORIOGRAFIA DA EDUCAÇÃO

A escrita da história retrata e registra projetos políticos e "operações de hegemonia". As "operações de hegemonia" são meios pelos quais a concepção de mundo e os valores de um grupo são difundidos, reforçados e estimulados "capilarmente" pela sociedade, tornando-se hegemônicos (Buttigieg, 2003, p. 47).

Eliana Silva, ao inventariar os regimes de historicidade acerca da escrita da história da Baixada Fluminense, demonstra que "a relação entre o poder e a História é um horizonte inevitável para acompanhar as atuações e as articulações nos projetos de pesquisas na cidade" (Silva, 2021, p. 73). A pesquisadora se refere aos movimentos sociais e de professores de Duque de Caxias que, a partir da década de 1990 e com a organização da Associação dos Amigos do Instituto Histórico (Assamih) em 2001, deram organicidade a pesquisas em pós-graduação, projetos de história pública e patrimonialização de acervos em prol do direito à memória para os territórios e povos da Baixada Fluminense. Na historiografia da Baixada Fluminense, o movimento político é, também, um projeto de pesquisa e ensino, um movimento historiográfico. Esses movimentos de escrita da história estão imbricados com as condições materiais e sociais da produção da pesquisa.

Entendo que, em certa medida e com especificidades, a história local da educação tem engrossado o caldo da escrita da história da Baixada Fluminense (Dias; Borges; Pinheiro, 2021), em diálogo com os debates do campo da história da educação brasileira e participando de transformações do campo.

Como é necessário ressaltar, a produção social do conhecimento também é um processo histórico: "[...] aquilo que uma época ou sociedade considera digno de estudo poderá ser ou ter sido considerado irrelevante em um outro momento histórico ou situação social" (Barros, 2007, p. 26). Diversos balanços sobre a produção do campo, movimentos sociais e ações dos poderes públicos convocaram a história da educação ao debate das relações étnico-raciais:

Um dos marcos desse movimento foi a aprovação da Lei n. 10.639/03, que determina o ensino de História e Cultura Africanas e Afro-brasileiras na Educação Básica. No mesmo ano, foram criadas instâncias como a Secretaria de Educação Continuada, Alfabetização e Diversidade (SECAD), no Ministério da Educação, e a Secretaria de Políticas de Promoção da Igualdade Racial (SEPPIR), diretamente ligado ao Poder Executivo, articulando diferentes ministérios na produção de políticas públicas voltadas para a diminuição da desigualdade racial brasileira. No ano seguinte, foram aprovadas as Diretrizes Curriculares Nacionais para a Educação das Relações Étnico-raciais e para o ensino de História e Cultura Afrobrasileira e Africana (2004), determinando, entre outras medidas, a reformulação do currículo das Licenciaturas, que a partir de então passaram a inscrever a discussão sobre relações raciais na formação docente (Barros, 2022, p. 176).

No contundente texto "Sem romantizar e sem amnésia: História da Educação como ferramenta para uma educação antirracista", Surya Barros situa a emergência de uma história da educação que aborda o protagonismo de negros e negras como sujeitos do campo educacional.

Ao passo que uma "história branca da história da educação brasileira" (Barros, 2022, p. 170) teve como "defeito de cor" a ausência da população negra na preocupação dos pesquisadores, é possível arrolar no século XXI teses, dissertações e livros sobre a temática em diferentes periodizações desde o período colonial, com uma diversidade de fontes e abordagens teóricas, sujeitos, temas e enfoques, tendo diferentes regiões do país como recorte. Há nesses estudos ênfase na articulação "entre populações negras e educação em perspectiva histórica" (Barros, 2022, p. 177). Trajetórias relevantes de pessoas negras nos ofícios letrados, nos debates parlamentares, jurídicos e da imprensa, por exemplo, deixaram de ser tratadas como excepcionais (Barros, 2022, p. 170).

No caso da profissão docente, há maior profusão de estudos sobre homens negros que participaram de universos letrados (Silva, 2002). São ainda recentes os estudos sobre escolarização de mulheres negras (Santos, 2019).

O presente livro pretende confluir ao projeto vigente da historiografia da educação brasileira de subverter "a tradição de não contemplar a diversidade racial nas pesquisas da área" (Barros, 2022, p. 169). É inspirado na historiografia da educação acerca da existência de mulheres *negras* que exerceram ofícios letrados no pós-abolição. E, no diálogo com a historiografia local, tem interesse em entrelaçar projeto político, escrita da história, pesquisa e ensino.

A tarefa que se coloca é comunicar essas pesquisas na formação inicial e continuada de docentes. Cabe retomar o pensamento de que a educação equivale às operações fundamentais da hegemonia (Buttigieg, 2003, p. 47). Suscitar, a partir da história da educação, a reflexão sobre as agências da escola na reprodução ou no combate ao racismo no Brasil. É insuficiente, contudo, o impacto dessas pesquisas no ensino de história da educação (Barros, 2022, p. 177).

ENTRE RETRATOS E REGISTROS: MAGISTÉRIO E ESCOLAS PÚBLICAS EM IGUAÇU (1932)

Marcus Fonseca considera fundamental que os resultados da renovação historiográfica sejam espelhados nos cursos de formação de professores, de modo a rever as narrativas dos manuais de ensino:

> É no espaço de formação de educadores que essas informações precisam circular, pois é, em parte, através do entendimento da complexa relação entre negros e a educação ao longo da história que os professores poderão atingir uma compreensão efetiva do alcance das diretrizes legais que, atualmente, celebram a valorização da diversidade na educação brasileira (Fonseca, 2016, p. 48).

A essa demanda, este livro pretendeu responder. Há possibilidades de uso de *Retratos e registros* como recurso didático para suscitar discussões acerca das políticas das agências do Estado para a oferta da educação; sobre acesso e permanência no ensino das populações negras e moradoras das periferias; sobre formação e carreira do magistério. Esses temas não podem prescindir de estar enredados nas articulações entre gênero, raça, classe social. E, nesse manejo do ensino, que as discussões sobre o *Local*, os territórios onde estão fincadas as universidades, as escolas, os equipamentos culturais, os sujeitos da educação possam servir para desnaturalizar e propor combate às ambivalências entre relações raciais e educação na sociedade brasileira.

Dessa forma, os resultados aqui apresentados fortalecem o conhecimento sobre o ingresso de populações negras em escolas regulares e no magistério nas primeiras décadas republicanas, tirando da invisibilidade temas antes negados. As trajetórias de um magistério majoritariamente negro e pardo que atuou em escolas de Iguaçu ampliam as discussões sobre a história da profissão. Mas apresentar as "agências negras" (Silva, 2019) em escolas públicas não pode ter como objetivo "romantizar" a história da educação local. "Sem amnésia", uma educação antirracista não pode prescindir de apontar as desigualdades reproduzidas a partir de distinções hierarquizantes e excludentes entre gênero, raça e classe social. Enquanto material didático, as fotografias, no modo como foram aqui dispostas e historicizadas, constituem uma unidade de análise.

Nessa perspectiva, conhecer as condições de exercício do magistério e da oferta de uma escolarização rudimentar para uma população *negra* em um território periférico fluminense delineia os contornos, ambivalências e margens das relações históricas entre concepções sobre raça, desigualdades sociais e políticas públicas em educação no Brasil (Dias, 2022).

Em 2024, alcançou repercussão na imprensa televisiva e nas redes sociais o livro de Ana Maria Gonçalves, publicado em 2006. *Um defeito de cor* inspirou o enredo para o desfile da Escola de Samba Portela, que foi premiada com o 6º lugar. No livro, pelos enlaces entre literatura e história, uma diversidade de existências da condição de mulheres, homens e crianças negras em cidades do Brasil e na África, ao longo do século XIX, foram dadas a conhecer. A protagonista,

Kehinde, se alfabetizou e aprendeu vários idiomas, comprou sua alforria e a de um filho, participou da Revolta dos Malês, e foi uma próspera comerciante, empresária, proprietária. Ainda causa espanto a muitas levas de leitores a experiência letrada e poliglota da protagonista, narradora da própria história através de cartas. Seu protagonismo também foi ressaltado no desfile, onde Kehinde foi mostrada como referência ancestral da experiência de mulheres negras no Brasil, marcadas pelo racismo, pelo atribuído "defeito de cor", mas, também, pela luta contra o racismo, com autoria, determinação, afeto. É nesse sentido, pelo movimento político que inspira a escrita da história, que esta pesquisa pretendeu entregar aos leitores um acervo comentado, contundente e raro da história da educação das populações negras no Brasil: *Pra fazer da identidade nosso livro aberto*", como dito no verso do samba-enredo do Grêmio Recreativo Escola de Samba Portela.

# Posfácio

A obra *Entre retratos e registros: magistério e escolas públicas em Iguaçu (1932)* produzida por Amália Dias é uma leitura encantadora e obrigatória para os pesquisadores e os interessados pela História da Baixada Fluminense e da Educação. A autora iniciou a obra refletindo sobre as fontes fotográficas acessadas por ela durante as pesquisas para a sua tese de doutorado. Inicialmente menciona os caminhos trilhados para a obtenção das fotografias, aponta os guardiões desses acervos que favoreceram o acesso. Aqui já vale mencionar a importância dos guardiões, mas principalmente a disponibilização do guardado para a pesquisa. Ao guardar as fontes em baús com cadeado, elas podem até ser preservadas, se a guarda for adequada, contudo, se não forem visitadas para a investigação sobre o que guardam, ficarão silenciadas, invisibilizadas.

Guardar requer investimentos em publicação, isto é, em comunicação e iluminação do guardado. Essa iluminação advém justamente da ação de olhar, uma miragem investigativa sobre o que se quer que guarde, como nos ensinou a poesia *Guardar* de Antônio Cícero. Após dez anos guardando o acervo, mas pensando sobre ele, Amália resolveu abrir o baú. Ela nos colocou diante de um conjunto de fotografias que impactou meus olhos e com certeza, impactará os olhos de quem o vê, justamente pelo predomínio da presença de estudantes e professoras não brancas. Mais do que isso, das possibilidades de trabalho sobre as fotografias.

O ofício do historiador é o da investigação do movimento do homem no tempo. Assim, não é possível investigar sem os vestígios. Le Goff (1990) já nos ensinou a estarmos atentos a esses documentos, fazer perguntas a eles, problematizá-los, investigar o lugar de sua produção. Quando trabalhamos com as fotografias como fonte, precisamos considerar que as imagens não são apenas meras representações, elas são registros, assim como as demais fontes. Nesse sentido, além de ter um lugar de produção, as fotografias estão carregadas de sentidos, de intencionalidades, de funções, como o da construção da memória, da propagação de uma dada visão de mundo ou até de estabelecer controle, como as trabalhadas por Amália.

Embora a fotografia seja fruto de uma seleção do fotógrafo ou de quem o contrate, o fotografado aconteceu. Se eu escolho fotografar um lado de uma sala de aula, eu posso invisibilizar a presença daqueles que se encontram do lado inverso. Contudo, o que fotógrafo registrou estava ali. Cabe ao historiador utilizar outros vestígios para melhor investigar o registro realizado pelo fotógrafo e, assim, estabelecer olhares mais aprofundados sobre o objeto investigado. Verificar a frequência da turma, por exemplo, poderia favorecer a compreensão das presenças não registradas pelo fotógrafo. Quanto mais empiria o historiador conseguir acessar, mais alargada poderá ser o seu olhar sobre o objeto investigado, sobre os processos instituídos.

Seguindo as pegadas deixadas pelas fotografias, após dez anos de miragem e inquietação, a autora se lançou a tarefa de publicá-las. Ao acionar outras fontes, estabeleceu comparações, cruzamento de dados, levantamentos de informações nos periódicos, nos mapas de frequência escolar do governo do estado do Rio de Janeiro, perseguiu contribuições para compor as trajetórias das professoras, interagiu com a historiografia local e sobre a História da Educação. Amália chama a atenção para os limites das biografias, já que elas dificilmente nos permitem dar conta de conhecer plenamente o sujeito biografado, mas podem contribuir para alargar o conhecimento sobre o sujeito em questão, apresentando pistas que nos ajudem a pensar o mundo que ele está inserido.

Os indivíduos nascem e vivem em sociedade, ao trazer o indivíduo, trazemos parte do conjunto social dele. Uma biografia pode nos fazer compreender relações sociais, tensões e singularidades presentes nas ações individuais e das coletividades. Ela pode indicar marcas daquela temporalidade histórica e das ações dos sujeitos, ainda que limitadas pela força das heranças, das estruturas econômicas e políticas herdadas.

O conjunto de fotografias sem as investigações de Amália poderia nos dizer algo, contudo, o trabalho investigativo da pesquisadora nos permitiu alargar o nosso entendimento acerca desse registro; lê-las entrecruzadas com outras fontes, pensar a história da educação em Iguaçu e no Brasil nas primeiras décadas do século XX; identificar as formas de controle do governo do estado sobre as professoras; analisar as relações raciais e de gênero presentes nesse contexto histórico. Quando vi as imagens fotográficas, logo concordei com a autora que elas não eram meros registros do movimento e prática pedagógica escolar. Elas são fotografias de engenharia, de montagem. Requer pensar o cenário ou até a criação do cenário. Havia um preparo no que diz respeito a pose, a arrumação do grupo, o destaque da professora, o preparo com a imagem da docente, a seriedade no dia de inspeção. O próprio ato de fotografar já poderia ser considerado uma inspeção.

Interessante observar que Amália relaciona as informações da fotografia com os diários de frequência, o que possibilita ao leitor chaves de leituras preciosas para a compreensão desse tempo histórico. Ao apresentar as imagens, ela abriu caminho para outras chaves de leitura do próprio leitor. Eu me senti impulsionada a contar, por exemplo, o quantitativo de alunos da escola mista número 8. No turno da manhã, havia 61 estudantes masculinos e no vespertino, 56 meninas, o que já revela a existência de turmas numerosas a cargo de uma única professora, muitas vezes em situação de sala multisseriada. Fico a imaginar que outras indagações possíveis podem surgir a partir do acesso a esse acervo e a escrita da historiadora.

Amália favoreceu ao leitor a identificação de algumas marcas do processo de escolarização em Iguaçu no século XIX e nas primeiras 4 décadas do século XX: a presença de estudantes e professores negros nas escolas primárias públicas; de uma escolarização excludente e concentrada na primeira série primária; da existência de desigualdades no interior do próprio território de Iguaçu no que se refere a distribuição das escolas; da precarização dos prédios e das estruturas escolares; da realidade dura vivida pelos estudantes, obrigando-os muitas vezes ao afastamento da escola.

A autora apontou na sua escrita a preocupação acerca do uso das fotografias. Insiste em deixar claro que as fotografias não são provas e ela está correta, nenhuma fonte pode ser vista como prova, mas sim como documento que nos permite maior intimidade e reflexão sobre outras temporalidades e as relações sociais instituídas. As fotografias podem ajudar a revelar diversas experiências humanas, a identificar as permanências do passado no presente, ainda que alteradas. Contudo, apesar de não serem provas, elas estão carregadas de pistas, de sentidos a serem explorados, de marcas do processo de escolarização e do ofício das professoras no território local.

A leitura dessa obra pode ter provocado em você, leitor, deslocamentos, encantamentos, reflexões profundas sobre essas heranças do passado no presente. A leitura também pode ter suscitado em você o desejo de fazer outras perguntas as fotografias, de iniciar outras investigações. Ao meu ver, este livro já pode ser visto como um marco importante para a historiografia da Baixada Fluminense, referencial para a compreensão da história da educação no território local e no Brasil.

Jardim Primavera, inverno de 2024

**Marlucia Santos de Souza**

# Referências

A PROFESSORA OBTEVE gratificação adicional. Correio da Manhã, Rio de Janeiro, p. 6, 25 set. 1932.

ABDALA, Rachel Duarte. Fotografias de e na escola: práticas do olhar e representações sociais. *In*: MUNHOZ, Fabiana Garcia; MORAES, Felipe Tavares; CALDEIRA-MACHADO, Sandra; ABDALA, Rachel Duarte; ALCÂNTARA, Wiara Rosa Rios (org.). *De madeiras e artes de fazer flechas*: apontamentos teórico-metodológicos em História da Educação 1. ed. Taubaté: Casa Cultura, 2016.

ALMANAK ADMINISTRATIVO, MERCANTIL E INDUSTRIAL DO RIO DE JANEIRO, LAEMMERT, 1891-1940. v. IV, 1924.

ALMEIDA, Jane Soares de. Co-educação dos sexos: apontamentos para uma interpretação histórica. *História da Educação*, ASPHE/FaE/UFPel, Pelotas, n. 22, p. 61-86, maio/ago. 2007.

ALVES, Jessica Santana de Assis. A Interseccionalidade como aparato teórico e metodológico para a história das mulheres. *Revista Dia-Logos*, v. 12, n. 2, p. 104-117, jul./dez. 2018.

ALVES, Jessica Santana de Assis. Possibilidades no estudo de indivíduos: a micro-história como aparato para analisar trajetórias. *Temporalidades*: Revista de História, ed. 29, v. 11, n. 2, jan./abr. 2019.

ARANTES, Adlene; GONDRA, José Gonçalves; BARROS, Surya. História da Educação e Populações Negras. *Revista Brasileira de História da Educação*, v. 22, n. 1, p. e207, 1 jul. 2022.

ATOS DO GOVERNO FLUMINENSE. *Correio da Manhã*, Rio de Janeiro, ano XXVIII, n. 10.407, 8 dez. 1928, p. 3.

ATOS DO INTERVENTOR FLUMINENSE. *A Noite*, Rio de Janeiro, ano 32, n. 10.934, 20 jul. 1942, p. 7.

ATOS DO PODER EXECUTIVO. *O Fluminense*, Niterói, ano 85, n. 235, 24 ago. 1911, p. 6.

ATOS DO PODER EXECUTIVO. *Jornal do Comércio*, Rio de Janeiro, ano 102, n. 293, 8 dez. 1929, p. 19.

ATOS DO SR INTERVENTOR FEDERAL. *O Fluminense*, Niterói, ano 55, n. 15.131, 21 jul. 1932, p. 2.

BARRA DE S. JOÃO. *A Imprensa*, Rio de Janeiro, ano VIII, n. 1.452, 18 dez. 1911, p. 9.

BARROS, José D'Assunção. As partes de um projeto de pesquisa. *In*: BARROS, José D'Assunção. *O projeto de pesquisa em história*: da escolha do tema ao quadro teórico. Petrópolis: Vozes, 2007, p. 14-21.

BARROS, Surya Aaronovich Pombo de. Sem romantizar e sem amnésia: História da Educação como ferramenta para uma educação antirracista. *In*: ECAR, Ariadne Lopes; BARROS, Surya Aaronovich Pombo de (org.). *História da Educação*: formação docente e a relação teoria-prática. São Paulo: FE/USP, 2022, p. 169-188.

BARROS, Surya Aaronovich Pombo de. História da Educação da população negra: entre silenciamento e resistência. *Pensar a Educação em Revista*, ano 3, v. 4, p. 1-20, jan./mar. 2018.

BARROS, Surya Aaronovich Pombo de. Um balanço sobre a produção da história da educação dos negros no Brasil. *In*: FONSECA, Marcus Vinícius; BARROS, Surya Aaronovich Pombo de (org.). *A História da Educação dos Negros no Brasil*. 1. ed., v. 1. Niterói/RJ: EdUFF, 2016, p. 395-412.

BARROS, Surya Aaronovich Pombo de. O Estado da Arte da Pesquisa em História da Educação da População Negra no Brasil. Vitória/ES: SBHE/Virtual Livros, 2015. *Coleção Documentos da Educação Brasileira*. Disponível em: http://www.sbhe.org.br/e-books/sbhe-paraiba/sbhe-03/. Acesso em: maio 2019.

BARROS, Surya Aaronovich Pombo de; DIAS, Amália. Não brancos(as) e periféricos(as): histórias da docência no Brasil. *Revista Brasileira de Educação*, v. 25, p. 1-26, 2020. Disponível em: https://www.scielo.br/scielo.php?script=sci_arttext&pid=S1413-24782020000100235&tlng=pt. Acesso em: dez. 2020.

BENTO, Cida. *O pacto da Branquitude*. São Paulo: Companhia das Letras, 2022.

BEZERRA, Nielson Rosa. *As Chaves da Liberdade*: confluências da escravidão no recôncavo do Rio de Janeiro (1833-1888). Niterói: EdUFF, 2008.

BEZERRA, Nielson Rosa. *Mosaicos da Escravidão*: identidades africanas e conexões atlânticas do Recôncavo da Guanabara (1780-1840). 2010. Tese (Doutorado em História) – Universidade Federal Fluminense, Rio de Janeiro, 2010.

BEZERRA, Nielson. *A cor da Baixada*: escravidão, liberdade e pós-abolição no Recôncavo da Guanabara. Duque de Caxias: APPH-CLIO, 2012.

BONATO, Nailda; XAVIER, Libania. Das possibilidades abertas para a pesquisa em história da educação no Rio de Janeiro. *In*: BONATO, Nailda; XAVIER, Libania (org.). *A História da Educação no Rio de Janeiro*: identidades locais, memória e patrimônio. Rio de Janeiro: Letra Capital, 2013.

BORGES, Angélica. Difusão da escolarização no Recôncavo da Guanabara: instalação e ampliação da malha escolar primária no período do Império. *In*: DIAS, Amália; BORGES, Angélica (org.). *História da Educação do Recôncavo da Guanabara à Baixada Fluminense*. Curitiba: Appris, 2023.

BORGES, Angélica. *A urdidura do magistério primário na corte imperial*: um professor na trama de relações e agências. Rio de Janeiro: Eduerj, 2021. 548 p.

BOURDIEU, Pierre. A Ilusão biográfica. *In*: AMADO, Janaína; FERREIRA, Marieta de Moraes (org.). *Usos e abusos da história oral*. Rio de Janeiro: Fundação Getulio Vargas, 1996.

BUTTIGIEG, Joseph A. Educação e hegemonia. *In*: COUTINHO, Carlos Nelson (org.). *Ler Gramsci, entender a realidade*. Rio de Janeiro: Civilização Brasileira, 2003, p. 39-49.

CAIXAS ESCOLARES. *O Fluminense*, Niterói, ano 41, n. 10.661, 16 jul. 1918, p. 1.

CAIXAS ESCOLARES. *Jornal do Comercio*, Rio de Janeiro, ano 97, n. 310, 10 nov. 1923, p. 7.

CAMILA LEONIDIA NETO. Arquivo de alunos da Escola Normal de Niterói: pasta do ano de 1902 A-C. Solicitação de inscrição para exame de admissão, 1898a. Niterói, 1902.

CAMILA LEONIDIA NETO. Arquivo de alunos da Escola Normal de Niterói: pasta do ano de 1902 A-C. Cópia da Certidão de Batismo. 1898b. Niterói, 1902.

CAMILA LEONIDIA NETO. Arquivo de alunos da Escola Normal de Niterói: pasta do ano de 1902 A-C. Atestado Médico. 1898c. Niterói, 1902.

CAMILA LEONIDIA NETO. Arquivo de alunos da Escola Normal de Niterói: pasta do ano de 1902 A-C. Prova prática de Trabalhos de Agulha e Economia Doméstica, 1901. Niterói, 1902.

CARVALHO, Maria Lígia Rosa. *De Normalistas a Professoras*: configurações da carreira no funcionalismo municipal. Rio de Janeiro, primeiras décadas republicanas. 2019. Tese (Doutorado em História) – Universidade Federal do Estado do Rio de Janeiro, Rio de Janeiro, 2019.

CASAMENTOS. Enlace Martins Rosas — Domingues Machado. *O Imparcial*, Rio de Janeiro, ano XV, n. 5.000, 25 jun. 1926, p. 5.

CÍRCULO DE PAIS E PROFESSORES. *Diário de Notícias*, Rio de Janeiro, ano 11, n. 5.823, 18 out. 1941, p. 6.

CLASSIFICAÇÃO de Escolas. *Correio da Lavoura*, Nova Iguaçu, ano XI, n. 42, 9 abr. 1925, p. 2.

COLLINS, Patricia Hill; BILGE, Sirma. *Interseccionalidade*. São Paulo: Boitempo, 2021.

COSTA, Carlos Eduardo Coutinho da. *Faltam braços nos campos e sobram pernas na cidade?*: famílias, migrações e sociabilidades negras no pós-abolição do Rio de Janeiro (1888-1940). 1. ed. Curitiba: Appris, 2020. 250 p.

COSTA, Carlos Eduardo Coutinho. Migração? Para a Favela não! A experiência da população preta e parda na região metropolitana do Rio de Janeiro. Vale do Paraíba e Baixada fluminense, RJ. (1888-1940). XXVI Simpósio Nacional de História ANPUH. *Anais...* São Paulo, jul. 2011. Disponível em: http://www.snh2011.anpuh.org/resources/anais/14/1307447732_ARQUIVO_CarlosCosta(anpuh_2011)rev.pdf. Acesso em: ago. 2011.

COSTA, Carlos Eduardo Coutinho. O Mundo Rural no Pós-abolição: A participação política de ex-escravos e de seus descendentes durante a Primeira República Valença e Nova Iguaçu (1888-1930). Projeto de Pesquisa, 2009a. Disponível em: http://arshistorica.ifcs.ufrj.br/jornadas/IV_jornada/IV_14.pdf. Acesso em: jul. 2011.

COSTA, Carlos Eduardo Coutinho. O Mundo Rural no Pós-Abolição: A Participação Política e o Processo Migratório de Pretos e Pardos no Brasil: Nova Iguaçu e Valença, RJ (1888-1940). IV Congresso Internacional de História. *Anais...* Maringá, Paraná, 2009b. Disponível em: http://www.pph.uem.br/cih/anais/trabalhos/440.pdf. Acesso em: maio 2012.

COSTA, Carlos Eduardo Coutinho. *Campesinato Negro no Pós-abolição*: Migração, Estabilização e os Registros Civis de Nascimentos. Vale do Paraíba e Baixada Fluminense, RJ. (1888-1940). 2008. Dissertação (Mestrado em História) – Universidade Federal do Estado do Rio de Janeiro, Rio de Janeiro, 2008. Disponível em: http://teses2.ufrj.br/Teses/IFCS_M/CarlosEduardoCoutinhodaCosta.pdf. Acesso em: jul. 2011.

DAMACENO, Janaina. Os segredos de Virgínia: intelectuais negras e relações raciais na São Paulo dos anos 1940-1950. *In*: SILVA, Joselina; PEREIRA, Amauri Mendes (org.). *O Movimento de Mulheres Negras*: escritos sobre os sentidos de democracia e justiça social no Brasil. Belo Horizonte: Nandyala, 2014, p. 41-66.

DAMACENO, Janaina. *Os segredos de Virgínia*: estudo de atitudes e teorias raciais na São Paulo dos anos 1940-1950. 2013. Tese (Doutorado em Antropologia Social) – Universidade de São Paulo, São Paulo, 2013.

DAVIS, Angela. *Mulheres, raça e classe*. São Paulo: Boitempo, 2016.

DÁVILA, Jerry. *Diploma de Brancura*: política social e racial no Brasil — 1917-1945. São Paulo: Unesp, 2006.

DE NITERÓI. *Correio da Manhã*, Rio de Janeiro, ano XXXI, n. 11.271, 12 set. 1931, p. 7.

DESPEDIDA. *O Fluminense*, Niterói, ano XXVII, n. 5.584, 16 jun. 1904, p. 3.

DIAS, Amália. Retratos e registros de escolas de São João de Meriti (RJ). *Revista Brasileira de História da Educação*, v. 22, n. 1, 2022. https://doi.org/10.4025/rbhe.v22.2022.e212.

DIAS, Amália. O centenário e a "vocação agrícola" de Iguaçu: operações de hegemonia e enquadramentos da história (1933). *In*: NASCIMENTO, Álvaro Pereira do; BEZERRA, Nielson Rosa (org.). *Da Vila de Iguassu à Baixada Fluminense*: histórias de um território. 1. ed. Curitiba: Editora Appris, 2019, v. 1, p. 129-152.

DIAS, Amália. Escolas isoladas e práticas de seriação: experiências híbridas (1929-1949). *Revista Brasileira de História da Educação*, *[s. l.]*, v. 16, p. 233-260, 2016. Disponível em: http://rbhe.sbhe.org.br/index.php/rbhe/article/view/927/pdf_122. Acesso em: jul. 2017.

DIAS, Amália. *Entre laranjas e letras*: processos de escolarização no distrito-sede de Nova Iguaçu (1916-1950). Rio de Janeiro: Quartet; Faperj, 2014a.

DIAS, Amália. Fazer-se escola fazendo a cidade: as festas dos escolares em Nova Iguaçu (1916-1947). *Educação*: Teoria e Prática, v. 24, p. 77, 2014b.

DIAS, Amália. Os mapas de frequência escolar e a produção dos serviços de fiscalização do ensino no estado do Rio De Janeiro (1924-1949). *Roteiro*, v. 39, p. 13-40, 2013.

DIAS, Amália; ARAUJO, Cristiane Gonçalves de. Da Escola Normal de Niterói ao Magistério em Escolas Públicas de Iguaçu: percursos e interseccionalidades. *5º SECBF — Seminário de Estudos Contemporâneos sobre a Baixada Fluminense*: Repensando sociedade e natureza e suas escalas nas periferias. Apresentação de trabalho completo, Faculdade de Educação da Baixada Fluminense, Duque de Caxias, 2023.

DIAS, Amália; BORGES, Angélica. Fazer História da Educação fazendo-se periferia: reflexões, experiências e possibilidades de ensino, pesquisa e extensão. *In*: ECAR, Ariadne Lopes; BARROS, Surya Aaronovich Pombo de (org.). *História da Educação*: formação docente e a relação teoria-prática. São Paulo: FE/USP, 2022, p. 88-114.

DIAS, Amália; BORGES, Angélica. Capilarização da escola pública na Baixada Fluminense: reflexões em torno de Iguaçu (1870-1933). *In*: SILVA, Alexandra; LIMEIRA, Aline; LEONARDI, Paula (org.). *Um mar de escolas*: diálogos e pesquisas em História da Educação. Curitiba: Appris, 2021, p. 95-110.

DIAS, Amália; BORGES, Angélica; PINHEIRO, Marcos Cesar de Oliveira. Grande Sertão Baixada e as veredas da historiografia da educação local. *Revista Linhas*, Florianópolis, v. 22, n. 50, p. 29-58, 2021. DOI: 10.5965/1984723822502021029. Disponível em: https://revistas.udesc.br/index.php/linhas/article/view/20799. Acesso em: jun. 2023.

DIAS, Amália; ECAR, Ariadne Lopes. Da Escola Normal de Niterói ao magistério em Iguaçu: normas e trajetórias. *XI Congresso Brasileiro de História da Educação* — Cultura e Educação: Memória e Resistência, 2022.

DIAS, Amália; SILVA, Sara Cristina Gomes Barbosa da; SILVA, Mariana Hapuque Raphael da; ARAÚJO, Cristiane Gonçalves de. Lugares de magistério no centenário de Iguaçu (1933). *In*: DIAS, Amália; BORGES, Angélica (org.). *História da Educação do Recôncavo da Guanabara à Baixada Fluminense*. Curitiba: Appris, 2023, p. 255-272.

DIPLOMAS de professores expedidos pela E. Normal de Niterói. *A Noite*, Rio de Janeiro, ano 21, n. 6.963, 16 abr. 1931, p. 4.

DIRETORIA DA FAZENDA. *Jornal do Comércio*, Rio de Janeiro, ano 93, n. 140, 22 maio 1919, p. 9.

DIRETORIA DAS FINANÇAS. *O Fluminense*, Niterói, 22 jul. 1904, p. 1.

DIRETORIA DAS FINANÇAS. *A Imprensa*, Niterói, ano VII, n. 1.238, 13 maio 1911, p. 7.

DIRETORIA DE INSTRUÇÃO. *O Fluminense*, Niterói, n. 4.786, 14 fev. 1902, p. 1.

DIRETORIA DE INSTRUÇÃO PÚBLICA. *Jornal do Comércio*, Rio de Janeiro, ano 102, n. 304, 30 nov. 1929, p. 14.

DIRETORIA DA INSTRUÇÃO PÚBLICA. *Jornal do Comércio*, Rio de Janeiro, ano 104, n. 89, 15 abr. 1931, p. 11.

DIRETORIA DA INSTRUÇÃO PÚBLICA. *Jornal do Comércio*, Rio de Janeiro, ano 99, n. 49, 19 fev. 1926, p. 7.

DIRETORIA DA INSTRUÇÃO PÚBLICA. *Jornal do Comércio*, Rio de Janeiro, ano 103, n. 223, 18 set. 1930, p. 12.

DIRETORIA DE INSTRUÇÃO PÚBLICA. *Jornal do Comércio*, Rio de Janeiro, ano 101, n. 159, 5 jul. 1928, p. 8.

DIRETORIA DE INSTRUÇÃO PÚBLICA. *Jornal do Comércio*, Rio de Janeiro, ano 102, n. 304, 30 nov. 1929, p. 14.

DIRETORIA Geral de Fazenda. *Jornal do Comércio*, Rio de Janeiro, ano 97, n. 46, 24 fev. 1923a, p. 1.

DIRETORIA Geral de Fazenda. *Jornal do Comércio*, Rio de Janeiro, ano 97, n. 267, 28 set. 1923b, p. 8.

DIRETORIA Geral de Instrução Pública. *Jornal do Comércio*, Rio de Janeiro, ano 97, n. 39, 9 fev. 1923, p. 1.

DIVERSAS. *O Fluminense*, Niterói, ano 37, n. 9.151, 30 abr. 1914a, p. 1.

DIVERSAS. *O Fluminense*, Niterói, ano 37, n. 9.151, 29 out. 1914b, p. 1.

DIVERSAS. *O Fluminense*, Niterói, ano 41, n. 10.722, 15 set. 1918a, p. 1.

DIVERSAS. *O Fluminense*, Niterói, ano 41, n. 10.733, 26 set. 1918b, p. 1.

ECAR, Ariadne Lopes. *Conhecimentos Pedagógicos como orientação para a "missão docente"*: a formação na Escola Normal de Niterói na Primeira República (1893-1915). 2011. Dissertação (Mestrado em Educação) – Universidade do Estado do Rio de Janeiro, Rio de Janeiro, 2011, 281 f.

ECAR, Ariadne Lopes. Práticas pedagógicas da Escola Normal de Niterói na Primeira República. *Revista Contemporânea de Educação*, *[s. l.]*, v. 14, p. 150-166, 2019.

ECAR, Ariadne Lopes. Escrever sobre instrução pública, criar representações: uma análise sobre artigos veiculados no O Fluminense (1894). *Temas em Educação*, v. 24, p. 87-98, 2015.

ECAR, Ariadne Lopes. Exames de admissão, exames finais: vigilância para o exercício da profissão docente (1897-1911). *Teias*, Rio de Janeiro, v. 3, p. 173-189, 2014.

ECAR, Ariadne Lopes; UEKANE, Marina. Lutas pela formação científica dos professores primários no Rio de Janeiro (1880-1890). *Revista da Educação — RHE*, v. 16, p. 65-80, 2012.

EDITAL. *O Paiz*, Rio de Janeiro, ano 30, n. 11.101, 28 fev. 1915, p. 8.

ESCOLA NORMAL. *O Fluminense*, Niterói, ano XXIII, n. 4.150, 3 jan. 1900a, p. 1.

ESCOLA NORMAL. *O Fluminense*, Niterói, ano XXIII, n. 4.455, 28 dez. 1900b, p. 2.

ESCOLA NORMAL. *O Fluminense*, Niterói, ano XXIV, n. 4.476, 22 jan. 1901a, p. 2.

ESCOLA NORMAL. *O Fluminense*, Niterói, ano XXIV, n. 4.509, 22 mar. 1901b, p. 2.

ESCOLA NORMAL. *O Fluminense*, Niterói, ano XXIV, n. 4.737, 17 dez. 1901, p. 1.

ESCOLA NORMAL. *O Fluminense*, Niterói, ano XXV, n. 4.761, 15 jan. 1902a, p. 1.

ESCOLA NORMAL. *O Fluminense*, Niterói, ano XXV, n. 4.786, 14 fev. 1902b, p. 1.

ESCOLA NORMAL. *O Fluminense*, Niterói, ano 33, n. 7.628, 5 fev. 1910, p. 2.

ESCOLA NORMAL. *O Fluminense*, Niterói, ano 33, n. 7.927, 7 dez. 1910, p. 1.

ESCOLA NORMAL. *A Imprensa*, Niterói, ano VIII, n. 1.206, 11 abr. 1.911, p. 4.

ESCOLA NORMAL. *O Fluminense*, Niterói, ano 35, n. 8.338, 28 jan. 1912, p. 1.

ESCOLA NORMAL. *O Fluminense*, Rio de Janeiro, ano 38, n. 9.720, 10 dez. 1915, p. 1.

ESCOLA NORMAL. *O Fluminense*, Rio de Janeiro, ano 39, n. 9.788, 17 fev. 1916, p. 1.

ESCOLA NORMAL. *O Fluminense*, Rio de Janeiro, ano 41, n. 10.538, 14 mar. 1918, p. 1.

ESCOLA NORMAL. *O Fluminense*, Rio de Janeiro, ano 42, n. 10.892, 19 mar. 1919, p. 2.

ESCOLA NORMAL. *O Fluminense*, Niterói, ano 43, n. 10.892, 19 mar. 1920, p. 2.

ESCOLA NORMAL. *O Fluminense*, Niterói, ano 43, n. 11.189, 14 jan. 1920, p. 2.

ESCOLA NORMAL. *O Fluminense*, Niterói, ano 43, n. 11.181, 6 jan. 1920, p. 1.

ESCOLA NORMAL. *O Fluminense*, Niterói, ano 45, n. 12.168, 5 dez. 1922, p. 1.

ESCOLA NORMAL. *O Fluminense*, Niterói, ano 51, n. 14.054, 22 jan. 1929, p. 1.

ESCOLA NORMAL DE NITERÓI. *O Fluminense*, Niterói, ano XXV, n. 5.025, 23 nov. 1902a, p. 2.

ESCOLA NORMAL DE NITERÓI. *Correio da Manhã*, Rio de Janeiro, ano III, n. 599, 31 jan. 1903, p. 2.

ESCOLA NORMAL DE NITERÓI. *Correio da Manhã*, Rio de Janeiro, ano III, n. 740, 21 jun. 1903, p. 3.

ESCOLA NORMAL DE NITERÓI. *O Fluminense*, Niterói, ano 43, n. 11.236, 2 mar. 1920, p. 1.

ESCOLA NORMAL DE NITERÓI. *O Fluminense*, Niterói, ano 43, n. 11.176, 1 jan. 1920, p. 1.

ESCOLA NORMAL DE NITERÓI. *O Fluminense*, Niterói, ano 44, n. 11.844, 24 nov. 1921, p. 1.

ESCOLA NORMAL DE NITERÓI. Exames. *O Fluminense*, Rio de janeiro, ano 43, n. 11.181, 6 jan. 1923, p. 1.

ESCOLARES. *Correio da Manhã*, Rio de Janeiro, ano XXXIV, n. 12.271, 24 nov. 1934, p. 6.

ESTADO DO RIO. Santa Teresa. *Gazeta de Notícias*, Rio de Janeiro, ano XLIII, n. 90, 1 abr. 1918, p. 5.

ESTADO DO RIO. *O País*, Rio de Janeiro, ano XLI, n. 14.875, 12 jul. 1925, p. 6.

ESTADO DO RIO. *Diário de Notícias*, Rio de Janeiro, ano X, n. 5.280, 13 jan. 1940, p. 4.

ESTADO DO RIO DE JANEIRO. *Jornal do Comércio*, Rio de Janeiro, ano 97, n. 3, 4 jan. 1923, p. 4.

ESTADO DO RIO DE JANEIRO. *O Fluminense*, Niterói, ano 49, n. 13.155, 3 mar. 1926, p. 1.

ESTADO DO RIO DE JANEIRO. *O Jornal*, Rio de Janeiro, ano IX, n. 2.725, 22 out. 1927, p. 1.

ESTEVES, Ana Paula da Silva. "Vistes que da verdade a escola é um templo": educação e doutrina espírita no ensino secundário em Iguaçu (1930-1945). *In*: DIAS, Amália; BORGES, Angélica (org.). *História da educação do Recôncavo da Guanabara à Baixada Fluminense*. Curitiba: Appris, 2023, p. 111-129.

EXAME DE ADMISSÃO. *O Paiz*, Rio de Janeiro, ano 30, n. 11.101, 28 fev. 1915, p. 8.

EXAMES ESCOLARES. *O Fluminense*, Niterói, ano XVIII, n. 2.918, 11 dez. 1895, p. 1.

EXAMES ESCOLARES. *A Capital*, Niterói, ano VI, n. 2.021, 6 dez. 1907, p. 1.

EXAMES ESCOLARES. *A Capital*, Niterói, ano IX, n. 4.086, 13 dez. 1910, p. 1.

EXAMES ESCOLARES. *O Fluminense*, Niterói, ano 48, n. 13.097, 23 dez. 1925, p. 1.

EXTERNATO BARROS. *O Fluminense*, Rio de Janeiro, ano 44, n. 11.544, 7 jan. 1921, p. 1.

EXTERNATO SANTA RITA DE CÁSSIA. *O Fluminense*, Niterói, ano 35, n. 8.313, 8 jan. 1912, p. 1.

FARIA FILHO, Luciano Mendes. História da educação e história regional: experiências, dúvidas e perspectivas. *In*: MENDONÇA, Ana Waleska Campos Pollo *et al.* (org.). *História da educação*: desafios teóricos e empíricos. Niterói: Editora Federal Fluminense, 2009.

FATOS E NOTAS. *A Capital*, Niterói, ano III, 8 mar. 1904, p. 1.

FIGUEIREDO, Ana Valéria de. *Fotografias de professoras*. Uma trajetória visual do magistério em escolas municipais do Rio de Janeiro no final do século XIX e início do século XX. Curitiba: Appris, 2023.

FONSECA, Marcus Vinícius. A população negra no ensino e na pesquisa em História da Educação no Brasil. *In*: FONSECA, Marcus Vinícius; BARROS, Surya Aaronovich Pombo de (org.). *A História da Educação dos Negros no Brasil*. 1. ed., v. 1. Niterói/RJ: EdUFF, 2016, p. 395-412.

FORTE, José Matoso Maia. *Memoria da Fundação de Iguassú*. Comemorativa do Primeiro Centenario da Fundação da Villa em 15 de janeiro de 1833. Rio de Janeiro: Typografia Jornal do Comércio, 1933.

GINZBURG, Carlo. O nome e o como: troca desigual e mercado historiográfico. *In*: GINZBURG, Carlo; CASTELNUOVO, Enrico; PONI, Carlo (org.). *A micro-história e outros ensaios*. Rio de Janeiro; Lisboa: Bertrand Brasil; Difel, 1989, p. 169-178.

GONÇALVES, Ana Maria. *Um defeito de cor*. 23. ed. Rio de Janeiro: Record, 2020.

GONÇALVES NETO, Wenceslau; CARVALHO, Carlos Henrique de (org.). *Ação Municipal e Educação na Primeira República no Brasil*. Belo Horizonte: Mazza Edições, 2015.

GONZALEZ, Lélia. A mulher negra na sociedade brasileira. *In*: LUZ, Madel Therezinha (org.). *O Lugar da Mulher*: estudos sobre a Condição Feminina na sociedade atual. Rio de Janeiro: Edições Graal, 1982.

HEINRICH, Michael. *Karl Marx e o nascimento da sociedade moderna*: biografia e desenvolvimento de sua obra. 1818-1841. v. 1. São Paulo: Boitempo, 2018.

INSPETORIA DA FAZENDA. *Jornal do Comercio*, Rio de Janeiro, ano 85, n. 194, 14 jul. 1911, p. 8.

INSPETORIA DE FAZENDA. *A Imprensa*, Niterói, ano VIII, n. 1.235, 2 set. 1911, p. 6.

INSPETORIA DE INSTRUÇÃO PÚBLICA. *Jornal do Comercio*, Rio de Janeiro, ano 87, n. 20, 20 jan. 1913, p. 4.

INSTITUTO BRASILEIRO DE GEOGRAFIA E ESTATÍTISCA. Anuário Geográfico do Estado do Rio de Janeiro. n. 1. Niterói, Rio de Janeiro, 1948.

INSTITUTO BRASILEIRO DE GEOGRAFIA E ESTATÍTISCA. Recenseamento Geral do Brasil (1º de setembro de 1940). Série Regional. Parte XV-Rio de Janeiro, Serviço Gráfico do Instituto Brasileiro de Geografia e Estatística, 1951.

INSTRUÇÃO PÚBLICA. *O Fluminense*, Niterói, ano 47, n. 12.545, 11 mar. 1924, p. 1.

INSTRUCÇÃO Pública. *O Fluminense*, Niterói, ano 24, n. 4.509, 22 mar. 1901, p. 1.

INTERIOR. *A Imprensa*, Niterói, ano VIII, n. 1.235, 10 maio 1911, p. 4.

JARA, Isabela Bolorini. Instrução Pública em Nova Iguaçu na década de 1920: as histórias contadas através de trajetórias docentes. *Revista Pilares da História*, v. 22, p. 55-66, 2023.

JARA, Isabela Bolorini. *O fazer-se Estado e fazer-se magistério em Iguaçu*: funcionarização, agências e experiências (1895-1925). 2017. 229 f. Dissertação (Mestrado em Educação, Cultura e Comunicação) – Faculdade de Educação da Baixada Fluminense, Universidade do Estado do Rio de Janeiro. Duque de Caxias, 2017.

KOZLOWSKY, Cristiane. *O ensino de História e a formação das professoras na Escola Normal de Niterói nos primórdios da República* (1896-1899). Dissertação (Mestrado em Educação), Universidade Federal Fluminense, Rio de Janeiro, 2018.

LE GOFF, Jacques. *História e memória*. Campinas, SP: Editora da UNICAMP, 1990.

LIMEIRA, Aline de Morais; MIRANDA, Ana Carolina de Farias. Sujeitos, instituições e normas: aspectos da escolarização em Iguassú no último decênio do Império (1879-1889). *In*: DIAS, Amália; BORGES, Angélica (org.). *História da Educação do Recôncavo da Guanabara à Baixada Fluminense*. Curitiba: Appris, 2023.

MAIO, Marcos Chor; SANTOS, Ricardo Ventura (org.). *Raça, ciência e sociedade*. Rio de Janeiro: FIOCRUZ/CCBB, 1996.

MARIA PAULA DE AZEVEDO. Arquivo de alunos da Escola Normal de Niterói: pasta do ano de 1908. Niterói, 1908.

MATTOS, Hebe; RIOS, Ana Lugão. *Memórias do Cativeiro*: família, trabalho e cidadania no pós-abolição. Rio de Janeiro: Civilização Brasileira, 2005.

MÜLLER, Maria Lúcia Rodrigues. A produção de sentidos sobre mulheres negras e o branqueamento do magistério no Rio de Janeiro na Primeira República. *In*: FONSECA, Marcus Vinícius; BARROS, Surya Aaronovich Pombo de (org.). *A História da Educação dos Negros no Brasil*. 1. ed., v. 1. Niterói/RJ: EdUFF, 2016, p. 395-412.

MÜLLER, Maria Lúcia Rodrigues. O registro da cor em requerimentos para concursos de professores. *Perspectiva*, v. 28, p. 37-62, 2010. Disponível em: https://periodicos.ufsc.br/index.php/perspectiva/article/view/2175-795X.2010v28n1p37/17840. Acesso em: fev. 2019.

MÜLLER, Maria Lúcia Rodrigues. *A cor da escola*: imagens da Primeira República. Cuiabá: Entrelinhas; Ed. UFMT, 2008.

MÜLLER, Maria Lúcia Rodrigues. Professores negros na Primeira República. *29ª Reunião Anual da ANPEd*. Caxambu, 2006. Disponível em: http://www.anped.org.br/reunioes/29ra/trabalhos/trabalhos_encomendados/GT21/GT21_Lucia_Mul ler.pdf. Acesso em: fev. 2019.

MÜLLER, Maria Lúcia Rodrigues. *As construtoras da nação*: professoras primárias na Primeira República. Niterói: Intertexto, 1999.

MUNHOZ, Fabiana Garcia. Contribuições da história da educação para problematizações sobre as questões de gênero, raça e classe no magistério na educação básica. *In*: BARROS, Surya Aaronovich Pombo de; ECAR, Ariadne Lopes (org.). *História da Educação*: formação docente e a relação teoria-prática. São Paulo: FE/USP, 2022, p. 145-167.

NITERÓI. *Jornal do Brasil*, Rio de Janeiro, ano XXIC, n. 346, 12 dez. 1914, p. 6.

NO ESTADO DO RIO. *Correio da Manhã*, Rio de Janeiro, ano 35, n. 12.602, 17 dez. 1935, p. 14.

NO MAGISTÉRIO FLUMINENSE. *Correio da Manhã*, Rio de Janeiro, ano 31, n. 11.283, 26 set. 1931, p. 8.

NOMEAÇÃO, PROMOÇÕES E REMOÇÕES NO MAGISTÉRIO FLUMINENSE. *Correio da Manhã*, Rio de Janeiro, ano XX, n. 8.037, 5 mar. 1921, p. 5.

NOTAS SOCIAIS. *O Fluminense*, Rio de Janeiro, ano 38, n. 9.720, 10 dez. 1915, p. 2.

NOTAS SOCIAIS. *O Fluminense*, Niterói, ano 50, n. 13.634, 16 set. 1927, p. 2.

NOTÍCIAS DE NITERÓI. *Jornal do Comercio*, Rio de Janeiro, ano 107, n. 304, 23 set. 1934, p. 15.

NOTÍCIAS DE NITERÓI. *Jornal do Comercio*, Rio de Janeiro, ano 107, n. 70, 21 dez. 1934, p. 5.

NOTÍCIAS DE NITERÓI. *Jornal do Comercio*, Rio de Janeiro, ano 107, n. 102, 29 jan. 1934, p. 9.

NOTÍCIAS DE NITERÓI. *Jornal do Comercio*, Rio de Janeiro, ano 108, n. 220, 18 jun. 1935, p. 10.

NOVA IGUAÇU. *O Jornal*, Rio de Janeiro, ano 31, n. 9.050, 27 out. 1949, p. 6.

NÓVOA, Antônio. Para o estudo sócio-histórico da gênese e desenvolvimento da profissão docente. *Teoria & Educação*, n. 4, 1991.

O ENSINO PRIMÁRIO EM NOVA IGUAÇU. *A Noite Ilustrada*, Rio de Janeiro, ano III, n. 123, 10 ago. 1932, p. 28.

O NITERÓI. *O Fluminense*, Niterói, ano 32, n. 7.385, 6 jun. 1909, p. 1.

O FLUMINENSE, Niterói, ano 29, n. 6.244, 12 abr. 1906, p. 1.

O FLUMINENSE, Niterói, ano XXX, n. 6.618, 27 abr. 1907, p. 3.

PELO INTERIOR. Vila de Santa Teresa. *O Fluminense*, Niterói, ano 38, n. 9.717, 7 dez. 1915, p. 2

PEREIRA, Kimberly Gomes. A instrução da infância no Recôncavo da Guanabara: uma análise da instrução e do magistério feminino no município de Magé (1839-1889). *In*: DIAS, Amália; BORGES, Angélica (org.). *História da Educação do Recôncavo da Guanabara à Baixada Fluminense*. Curitiba: Appris, 2023, p. 63-83.

PERMUTA. *Jornal do Comercio*, Rio de Janeiro, ano 101, n. 106, 4 maio 1928, p. 12.

PREFEITURA MUNICIPAL DE IGUAÇU. *Correio da Lavoura*, Nova Iguaçu, ano XIV, n. 730, 12 mar. 1931, p. 2.

PRESIDENTE MANOEL DUARTE. *Jornal do Comercio*, Rio de Janeiro, ano 102, n. 292, 26 nov. 1929, p. 7.

PROFESSORA VIÚVA HERMÍNIA DE AQUINO ANDRADE. *O Fluminense*, Rio de Janeiro, ano LXXXVII, n. 21.935, 26 maio 1964, p. 6.

PROFESSORAS SUBMETIDAS À INSPEÇÃO DE SAÚDE PARA JUBILAÇÃO. *Diário Carioca*, Rio de Janeiro, ano XI, n. 2.992, 13 mar. 1938, p. 4.

QUADRO GERAL DE ESCOLAS ELEMENTARES. *Jornal do Comércio*, Rio de Janeiro, ano 87, n. 20, 2 fev. 1913, p. 6.

QUADRO GERAL DAS ESCOLAS PÚBLICAS ELEMENTARES. *Jornal do Comércio*, Rio de Janeiro, ano 88, n. 68, 2 mar. 1914, p. 6.

REQUERIMENTOS DESPACHADOS. *Jornal do Comercio*, Rio de Janeiro, ano 85, n. 191, 11 jul. 1911, p. 5.

REVISTAS DOS ESTADOS. *Jornal do Comércio*, Rio de Janeiro, ano 97, n. 272, 3 out. 1923, p. 6.

RIO DE JANEIRO. *O Paiz*, Rio de Janeiro, ano XXIX, n. 10.647, 1 dez. 1913, p. 4.

RIO DE JANEIRO. As comemorações a Benjamim Constant em Nova Iguaçu. *Correio da Manhã*, Rio de Janeiro, ano XXXVI, n. 12.875, 31 out. 1936, p. 12.

RODRIGUES, Rodrigo Rosselini Julio. *Formando os cidadãos fluminenses*: a escola primária no Estado do Rio de Janeiro durante a Primeira República. Campos dos Goytacazes: Essentia, 2019.

SANTOS, Beatriz Souza dos. "Benefício Indispensável à classe pouco favorecida da fortuna": considerações acerca do derramamento da instrução no município de Estrela (1846-1889). *In*: DIAS, Amália; BORGES, Angélica (org.). *História da Educação do Recôncavo da Guanabara à Baixada Fluminense*. Curitiba: Appris, 2023, p. 43-62.

SANTOS, Geilza da Silva. O engenho Bom Fim e o lugar social da mulher negra no pós-abolição: (Areia-Pb, 1890-1920). *Canoa do Tempo*, v. 11, n. 2, p. 122-144, 2019. Disponível em: https://doi.org/10.38047/rct.v11i2.6640. Acesso em: dez. 2020.

SANTOS, Jucimar Cerqueira dos; SANTOS, Mayra Priscilla de Jesus dos. Da educação primária ao ensino superior: o desafio das mulheres de cor e trabalhadoras para alcançar a educação escolar no Brasil entre o final do século XIX e início do século XX. *Canoa do Tempo*, v. 11, n. 2, p. 51-76, 2019. Disponível em: https://doi.org/10.38047/rct.v11i2.6675. Acesso em: out. 2020.

SECRETARIA GERAL DO ESTADO. *Jornal do Comercio*, Rio de Janeiro, ano 90, n. 34, 3 fev. 1916, p. 21.

SECRETARIA GERAL DO ESTADO. *Jornal do Comercio*, Rio de Janeiro, ano 90, n. 82, 23 mar. 1916, p. 7.

SECRETARIA GERAL DO ESTADO. *O Fluminense*, Niterói, ano 40, n. 1.037, 18 maio 1917, p. 2.

SECRETARIA GERAL DO ESTADO. *Jornal do Comercio*, Rio de Janeiro, ano 97, n. 178, 30 jun. 1923, p. 7.

SCHUELER, Alessandra; ECAR, Ariadne. Novas perspectivas sobre as reformas educacionais no Rio de Janeiro (1920-1930). *História da Historiografia*, n. 7, p. 312-317, 2011.

SCHWARCZ, Lilia Moritz. *O Espetáculo das Raças*: cientistas, instituições e questão racial no Brasil (1897-1930). São Paulo: Companhia das Letras, 1993.

SILVA, Adriana Maria Paulo. A escola de Pretextato dos Passos e Silva: questões a respeito das práticas de escolarização no mundo escravista. *Revista Brasileira de História da Educação*, n. 4, p. 145-166, jul./dez. 2002.

SILVA, Alexandra Lima da. Flores de ébano: a educação em trajetórias de escravizadas e libertas. *Revista Brasileira de Pesquisa (Auto)biográfica*, v. 4, n. 10, p. 299-311, 19 abr. 2019.

SILVA, Eliana Santos. *Tensões e conciliações*: a escrita da história local e o Instituto Histórico da Câmara Municipal de Duque de Caxias (1971-2008). 2021. Tese (Doutorado em História) – Universidade do Estado do Rio de Janeiro, São Gonçalo, 2021.

SILVA, Luara dos Santos. Coema Hemetério dos Santos: a "flor de beleza" e "luz de amor". Trajetória de uma intelectual negra no pós--abolição carioca. *Canoa do Tempo*, v. 11, n. 2, p. 28-50, 2019. Disponível em: https://doi.org/10.38047/rct.v11i2.6650. Acesso em: jan. 2021.

SILVA, Marcelo Gomes. *"Operários do pensamento"*: trajetórias, sociabilidades e experiências de organização docente de homens e mulheres no Rio de Janeiro (1900-1937). 2018. Tese (Doutorado em Educação) – Faculdade de Educação, Universidade Federal Fluminense, Niterói, 2018.

SILVA, Mariana Hapuque Raphael da. Entre laranjas e letras: o concurso para o magistério municipal em Iguaçu (1931). *Revista Pilares da História*, Duque de Caxias, ano 20, n. 20, p. 101-107, out. 2021.

SIMÕES, Manoel Ricardo. *Ambiente e Sociedade na Baixada Fluminense*. Mesquita, Editora Entorno, 2011.

SOARES, Maria T. Segadas. Nova Iguaçu: absorção de uma célula urbana pelo grande Rio de Janeiro. *Revista Brasileira de Geografia*, v. 24, n. 2, abr./jun. 1962.

SUPERINTENDÊNCIA GERAL DO ENSINO. *Jornal do Comercio*, Rio de Janeiro, ano 93, n. 255, 14 set. 1919, p. 6.

TRANSFERÊNCIA. *Jornal do Comercio*, Rio de Janeiro, ano 103, n. 187, 7 ago. 1930, p. 11.

VASSOURAS. *O Fluminense*, Niterói, ano 39, n. 10.093, 20 dez. 1916, p. 3.

VENINA CORRÊA TORRES. Arquivo de alunos da Escola Normal de Niterói: pasta do ano de 1908. Solicitação de inscrição para exame de admissão, 1898a. Niterói, 1908.

VENINA CORRÊA TORRES. *Correio da Manhã*, Rio de Janeiro, ano 49, n. 17.456, 9 fev. 1950, p. 9.

VIDA Religiosa. Proclamas. *Gazeta de Notícias*, Rio de Janeiro, ano XXXVI, n. 10, 10 jan. 1910, p. 4.

ZULMIRA JESUÍNA NETO. Arquivo de alunos da Escola Normal de Niterói: pasta do ano de 1901. Solicitação de inscrição para exame de admissão, 1897a. Niterói, 1901.

ZULMIRA JESUÍNA NETO. Arquivo de alunos da Escola Normal de Niterói: pasta do ano de 1901. Cópia da Certidão de Batismo, 1897b. Niterói, 1901.

# Índice de Fotografias de Escolas

**Escolas municipais**

Escola municipal Doutor Thibau, figura 7, p.41

Escola municipal Andrade de Araújo, figura 8, p.42

Escola municipal Barão de Mesquita, figura 9, p.43

Escola municipal Doutor França Carvalho, figura 10, p.44

Escola municipal Doutor Guilherme Guinle, figura 11, p.45

Escola municipal Coronel França Soares, figura 12, p.46

Escola municipal Dona Maria de Souza, figura 13, p.47

Escola municipal Doutor Nilo Peçanha, figura 14, p.48

Escola municipal Belford Roxo, figura 15, p.49

Escola municipal noturna n. 1, figura 16, p.50

Escola municipal Desembargador Eloy Teixeira, figura 17, p.51

Escola municipal Francisca Rosa, figura 18, p.52

Escola municipal Rangel Pestana, figura 19 , p.53

Escola municipal Ignacio Serra, figura 20, p.54

Escola municipal Doutor Tavares Guerra, figura 21, p.55

Escola municipal em Duque de Caxias, figura 22, p. 56

Escola municipal Arruda Negreiros, figura 23, p.57

## Escolas estaduais

Escola estadual n. 1, figura 80, p.165

Escola noturna n. 2, figura 67, p.144

Escola estadual n. 2, figura 68, p.145

Escola estadual n. 2, figura 69, p.146

Escola estadual n. 2, figura 70, p.147

Escola estadual n. 2, turno da tarde, figura 71, p.148

Escola estadual n. 3, primeiro turno, figura 72, p.152

Escola estadual n. 3, segundo turno, figura 73, p.153

Escola estadual n. 5, figura 30, p.78

Escola estadual n. 7, figura 61 , p.134

Escola estadual n. 8, primeiro turno, figura 31, p.80

Escola estadual n. 8, segundo turno, figura 32, p.81

Escola estadual n. 9, figura 58, p.124

Escola estadual n. 10, figura 79, p. 163

Escola estadual n. 12, figura 34, p.83

Escola estadual n. 13, figura 60, p.130

Escola estadual n. 14, figura 77, p.161

Escola estadual n. 15, figura 35, p.87

Escola estadual n. 15, figura 36, p.88

Escola estadual n. 15, figura 37, p.89

Escola estadual n. 15, figura 38, p.90

Escola estadual n. 15, figura 39, p.91

Escola estadual n.16, figura 76, p.159

Escola estadual n. 17, figura 40, p.92

ENTRE RETRATOS E REGISTROS: MAGISTÉRIO E ESCOLAS PÚBLICAS EM IGUAÇU (1932)

Escola estadual n. 17, segundo turno, figura 41, p.93

Escola estadual n. 18, figura 43, p.97

Escola estadual n. 19, figura 44, p.98

Escola estadual n. 21, figura 74, p.155

Escola estadual n. 26, figura 42, p.95

Escola estadual n. 27, figura 45, p.99

Escola estadual n. 28, figura 46, p.102

Escola estadual n. 30, primeiro turno, figura 47, p.103

Escola estadual n. 30, segundo turno, figura 48, p.104

Escola estadual n. 31, figura 62, p.137

Escola estadual n. 31, figura 63, p.138

Escola estadual n. 31, figura 64, p.139

Escola estadual n. 32, figura 75, p.157

Escola estadual n. 33, figura 33, p. 82

Escola estadual n. 34, figura 78, p.162

Escola estadual n. 36, figura 49, p. 105

### Grupo escolar

Primeira série do Grupo Escolar Rangel Pestana, figura 50, p.107

Primeira série do Grupo Escolar Rangel Pestana, figura 51, p.108

Primeira série do Grupo Escolar Rangel Pestana, figura 52, p.109

Primeira série do Grupo Escolar Rangel Pestana, figura 53, p.110

Primeira série do Grupo Escolar Rangel Pestana, figura 54, p.111

Terceira, quarta e quinta séries do Grupo Escolar Rangel Pestana, figura 55, p.112

Seção profissional feminina do Grupo Escolar Rangel Pestana, figura 56, p.113

Seção profissional feminina do Grupo Escolar Rangel Pestana, figura 57, p.114

Professoras do Grupo Escolar Rangel Pestana, figura 65, p.142

Escola estadual noturna feminina, figura 66, p.143

### Escolas Subvencionadas

Escola subvencionada Humildade e Caridade, figura 24, p.67

Escola subvencionada de Itinga, figura 25, p.68

Curso infantil do Ginásio Leopoldo, figura 26, p.69

Curso primário e admissão do Ginásio Leopoldo, figura 27, p.70

Curso primário do Ginásio Leopoldo, figura 28, p.71

Alunos do Ginásio Leopoldo, figura 29, p.72

### Escolas não identificadas

Escola não identificada, figura 1, p.16

Escola em Nilópolis, 1.º turno, figura 2, p.17

Escola em Nilópolis, 2.º turno, figura 3, p.18